나는 매일, 천천히, 정성껏 글씨를 쓰는

입니다.

K-POP 노랫말로 완성하는 바른 글씨 쓰기

아이스크림북스

이 책의 구성과 특징

노랫말로 바른 글씨를 완성해요

★ 이 책은 미래, 꿈, 우정, 사랑 등 다양한 정서와 이야기를 담은 20곡의 노래를 소개해요.

★ 어린이부터 성인까지 크게 사랑받은 20곡의 노랫말을 옮겨 담았으며, 체계적으로 글씨 연습을 할 수 있게 구성했어요.

★ 음악 교과서에 실린, 부모님 세대의 아름다운 가사가 돋보이는 노래도 들어 보세요.

★ 노랫말 속 어휘를 알아보고, 문장에서 어떻게 쓰이는지 살펴보세요.

시작하기 전에

글씨를 바르고 고르게 써야 하는 이유, 바른 자세, 연필 잡는 법, 연필심의 진하고 연한 정도에 따른 연필 고르는 법 등 글씨를 잘 쓰는 방법에 대해 배워요.

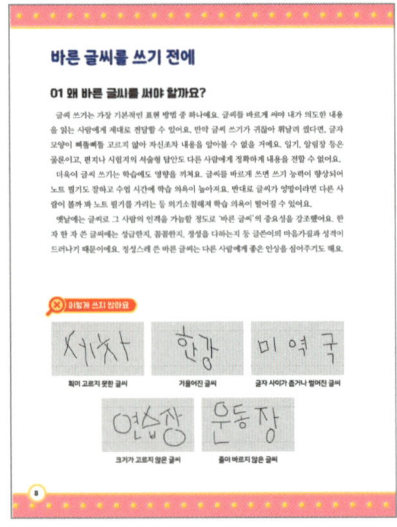  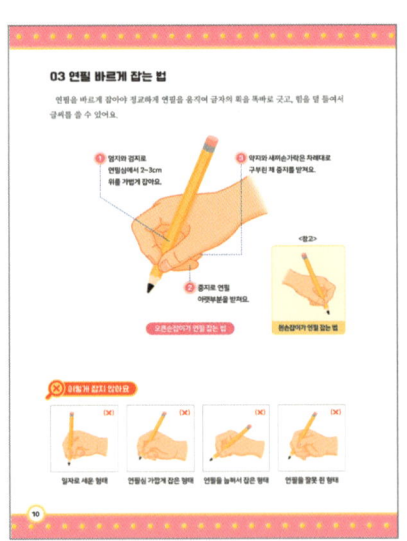

노래 들으며 노랫말 쓰기

QR코드를 스캔한 뒤 글씨 연습할 노래를 들어요.
노래를 들으며 천천히 정성껏 노랫말을 써 보세요.

 짧은 노랫말 덮어 쓰기

네모 공책에 적힌 노랫말을 연필로 덮어 쓰기 해요.
바른 글자와 비교해 가면서, 정해진 칸 밖으로 나가지 않게 **자음과 모음을 균형 있게 써요.**

 가로줄 공책 연습

가로줄 공책에 노랫말을 쓰며 **글씨 줄 맞추는 연습을** 해요. 글씨 아랫부분을 밑줄에 맞추고, 글자의 크기와 키 높이가 비슷하게 써 보세요.

 개성 있는 글씨 쓰기

문장에 따라 어울리는 느낌으로 손글씨를 써 보세요.
연필, 색연필, 사인펜 등 다양한 필기구를 써서 나만의 **개성 있는 손글씨를 완성해요.**

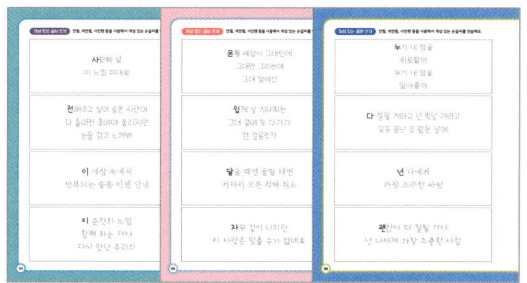

5 생활 속 글씨 연습

실제 생활하면서 자주 접하는 글쓰기를 해 보세요.
카드, 편지, 일기, 원고지 쓰기 등으로 글씨 연습하며 **바뀐 글씨체를 확인해요.**

차례

바른 글씨를 쓰기 전에

- 01 왜 바른 글씨를 써야 할까요? ······ 8
- 02 바른 글씨를 쓰기 위한 자세 ······ 9
- 03 연필 바르게 잡는 법 ······ 10
- 04 글씨 연습에 좋은 연필 고르기 ······ 11
- 05 글씨의 기본, 바른 선 긋기 1 ······ 12
- 06 글씨의 기본, 바른 선 긋기 2 ······ 13
- 07 자음 획순에 맞춰 쓰기 ······ 14
- 08 모음 획순에 맞춰 쓰기 ······ 15

1장 희망찬 노랫말 바르게 쓰기
주제: 꿈, 미래, 희망

- 1일 차 **신호등** 이무진 ······ 18
- 2일 차 **가을 아침** 아이유 ······ 24
- 3일 차 **다시 만난 세계** 소녀시대 ······ 30
- 4일 차 **나의 사춘기에게** 볼빨간 사춘기 ······ 36
- 5일 차 **고등어** 루시드폴 ······ 42

 ## 2장 따뜻한 노랫말 바르게 쓰기
주제: 감성, 우정, 사랑

6일 차	**밤양갱** 비비	50
7일 차	**모든 날, 모든 순간** 폴킴	56
8일 차	**들리나요** 태연	62
9일 차	**오랜 날 오랜 밤** AKMU(악뮤)	68
10일 차	**하늘바라기** 정은지	74

 ## 3장 힘을 주는 노랫말 바르게 쓰기
주제: 자신감, 격려, 위로

11일 차	**출발** 김동률	82
12일 차	**밤과 별의 노래** 이진아·온유	88
13일 차	**내가 니 편이 되어 줄게** 커피소년	94
14일 차	**엄마가 딸에게** 양희은	100
15일 차	**사랑으로** 해바라기 〔음악 교과서 수록곡〕	106

 ## 4장 재미있는 노랫말 바르게 쓰기
주제: 재미, 개성, 창의

16일 차	**문어의 꿈** 안예은	114
17일 차	**팥빙수** 윤종신	120
18일 차	**마법의 성** 더클래식 〔음악 교과서 수록곡〕	126
19일 차	**네모의 꿈** 화이트 〔음악 교과서 수록곡〕	132
20일 차	**여행을 떠나요** 조용필 〔음악 교과서 수록곡〕	138

바른 글씨를 쓰기 전에

01 왜 바른 글씨를 써야 할까요?

글씨 쓰기는 가장 기본적인 표현 방법 중 하나예요. 글씨를 바르게 써야 내가 의도한 내용을 읽는 사람에게 제대로 전달할 수 있어요. 만약 글씨 쓰기가 귀찮아 휘날려 썼다면, 글자 모양이 삐뚤삐뚤 고르지 않아 자신조차 내용을 알아볼 수 없을 거예요. 일기, 알림장 등은 물론이고, 편지나 시험지의 서술형 답안도 다른 사람에게 정확하게 내용을 전할 수 없어요.

더욱이 글씨 쓰기는 학습에도 영향을 끼쳐요. 글씨를 바르게 쓰면 쓰기 능력이 향상되어 노트 필기도 잘하고 수업 시간에 학습 의욕이 높아져요. 반대로 글씨가 엉망이라면 다른 사람이 볼까 봐 노트 필기를 가리는 등 의기소침해져 학습 의욕이 떨어질 수 있어요.

옛날에는 글씨로 그 사람의 인격을 가늠할 정도로 '바른 글씨'의 중요성을 강조했어요. 한 자 한 자 쓴 글씨에는 성급한지, 꼼꼼한지, 정성을 다하는지 등 글쓴이의 마음가짐과 성격이 드러나기 때문이에요. 정성스레 쓴 바른 글씨는 다른 사람에게 좋은 인상을 심어주기도 해요.

❌ 이렇게 쓰지 않아요

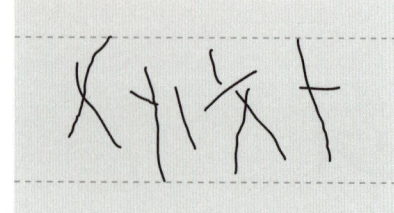
획이 고르지 못한 글씨

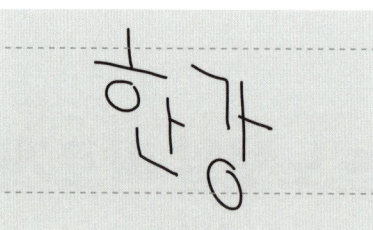
기울어진 글씨

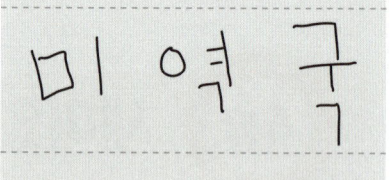
글자 사이가 좁거나 벌어진 글씨

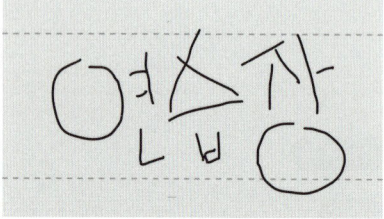
크기가 고르지 않은 글씨

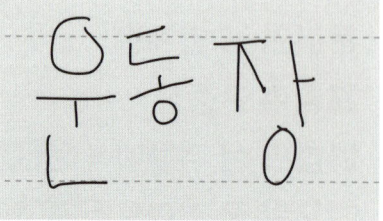
줄이 바르지 않은 글씨

02 바른 글씨를 쓰기 위한 자세

글씨를 쓸 때는 자세를 바르게 하는 습관을 들여야 해요. 글씨를 쓰다 자세가 흐트러지지 않았는지 확인하며 바른 자세를 유지해요.

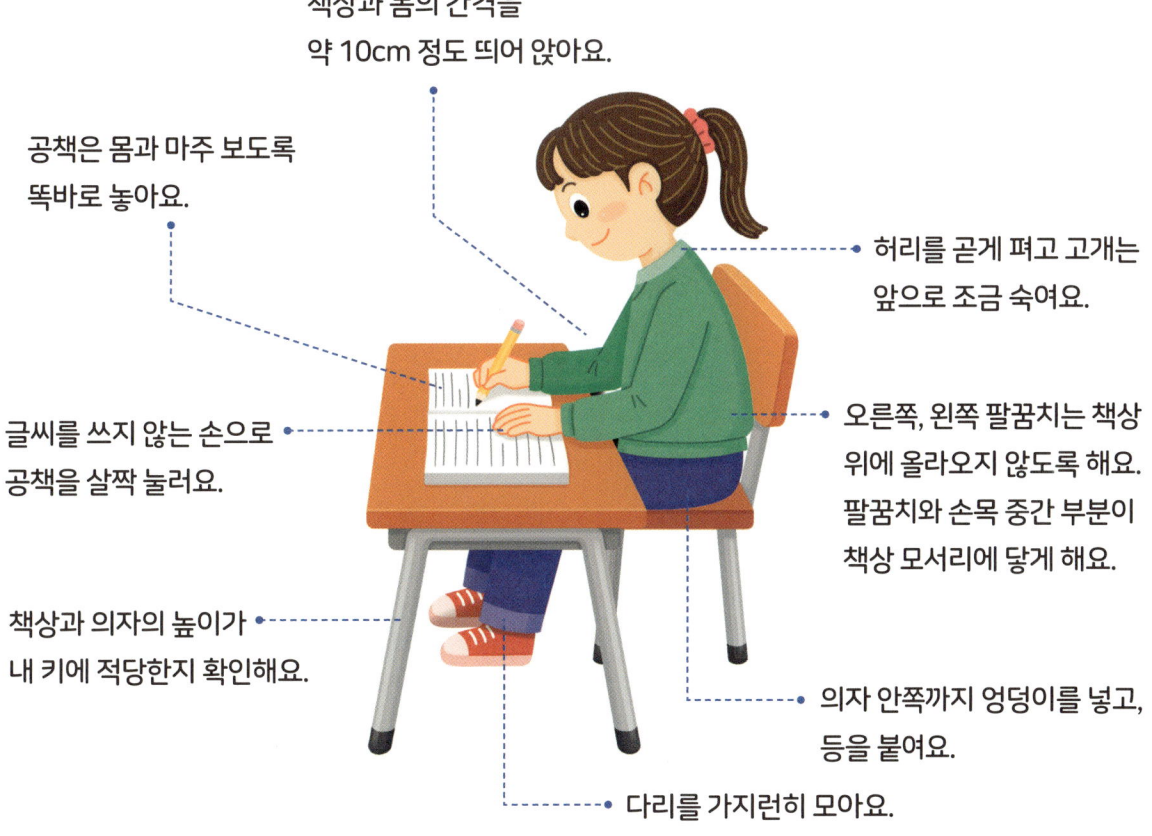

- 책상과 몸의 간격을 약 10cm 정도 띄어 앉아요.
- 공책은 몸과 마주 보도록 똑바로 놓아요.
- 글씨를 쓰지 않는 손으로 공책을 살짝 눌러요.
- 책상과 의자의 높이가 내 키에 적당한지 확인해요.
- 허리를 곧게 펴고 고개는 앞으로 조금 숙여요.
- 오른쪽, 왼쪽 팔꿈치는 책상 위에 올라오지 않도록 해요. 팔꿈치와 손목 중간 부분이 책상 모서리에 닿게 해요.
- 의자 안쪽까지 엉덩이를 넣고, 등을 붙여요.
- 다리를 가지런히 모아요.

❌ 이렇게 앉지 않아요

책상에 엎드린 자세

한 손으로 턱을 괴고 있는 자세

의자에 걸터앉은 자세

03 연필 바르게 잡는 법

연필을 바르게 잡아야 정교하게 연필을 움직여 글자의 획을 똑바로 긋고, 힘을 덜 들여서 글씨를 쓸 수 있어요.

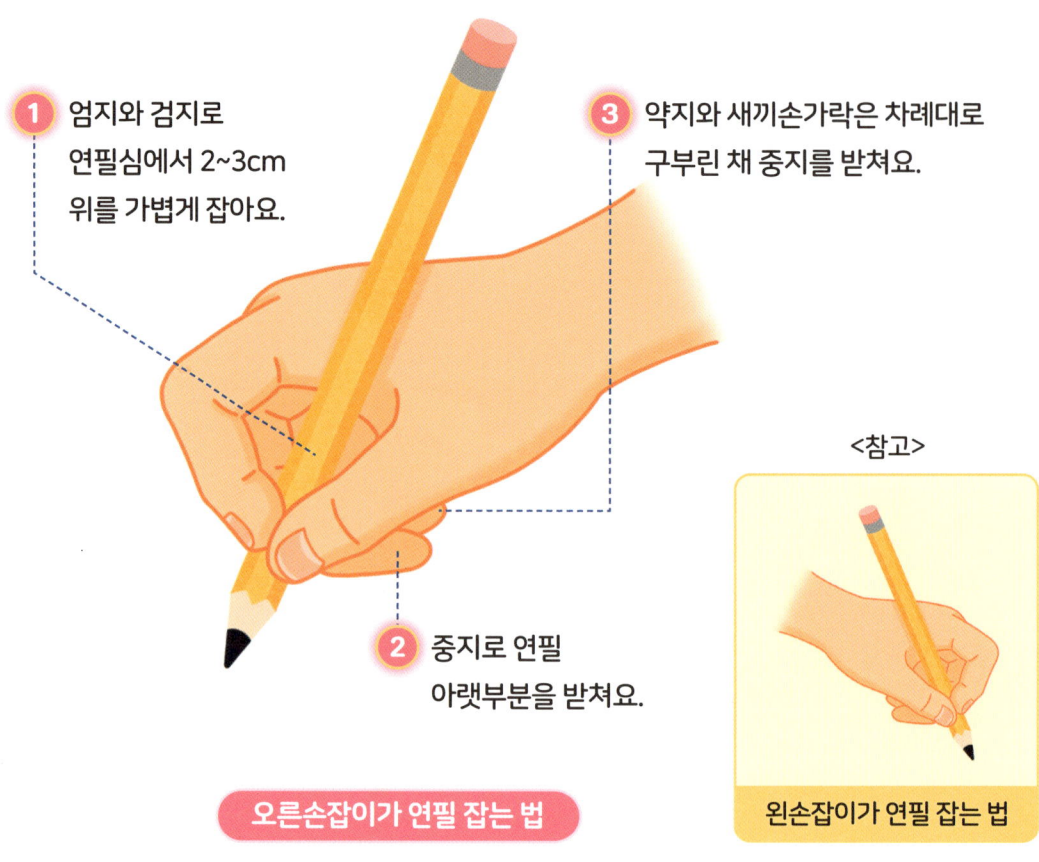

① 엄지와 검지로 연필심에서 2~3cm 위를 가볍게 잡아요.

② 중지로 연필 아랫부분을 받쳐요.

③ 약지와 새끼손가락은 차례대로 구부린 채 중지를 받쳐요.

오른손잡이가 연필 잡는 법

<참고>
왼손잡이가 연필 잡는 법

❌ 이렇게 잡지 않아요

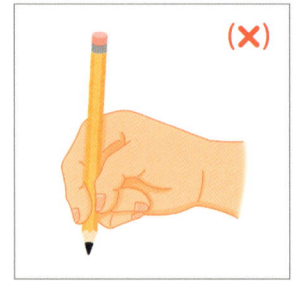
일자로 세운 형태

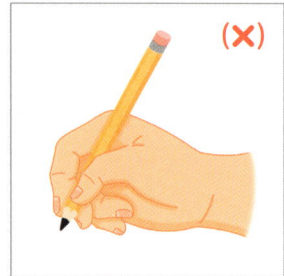
연필심 가깝게 잡은 형태

연필을 눕혀서 잡은 형태

연필을 잘못 쥔 형태

04 글씨 연습에 좋은 연필 고르기

글씨 쓰기를 연습할 때 가장 적합한 필기도구는 연필이에요. 연필은 심이 굵고 단단해서 선 긋기가 쉬워 글씨 연습을 잘할 수 있어요.

진하지 않고, 단단해서 글씨 연습하기에 적당해요.

연필의 진하기

연필은 심의 진하기에 따라 여러 종류로 나뉘어요. B앞에 붙은 숫자가 높을수록 더 진하고 부드러운 연필심을 뜻해요. 연필에 적힌 표기를 확인한 뒤 용도에 따라 알맞은 연필을 골라서 사용해요.

※ HB 연필을 준비한 뒤, 연필을 바르게 잡고 내 이름을 다시 써 보세요.

이름 _____

주의!

볼펜은 심이 미끄러워서 반듯한 선 긋기가 어렵고, 샤프는 심이 얇아서 힘 조절이 서툴면 툭툭 부러져요. 글씨 쓰기는 획의 강약 조절이 쉬운 연필로 연습해요.

05 글씨의 기본, 바른 선 긋기 1

곧고 반듯한 선과 비스듬한 선을 그으면서 손을 풀어 보세요.

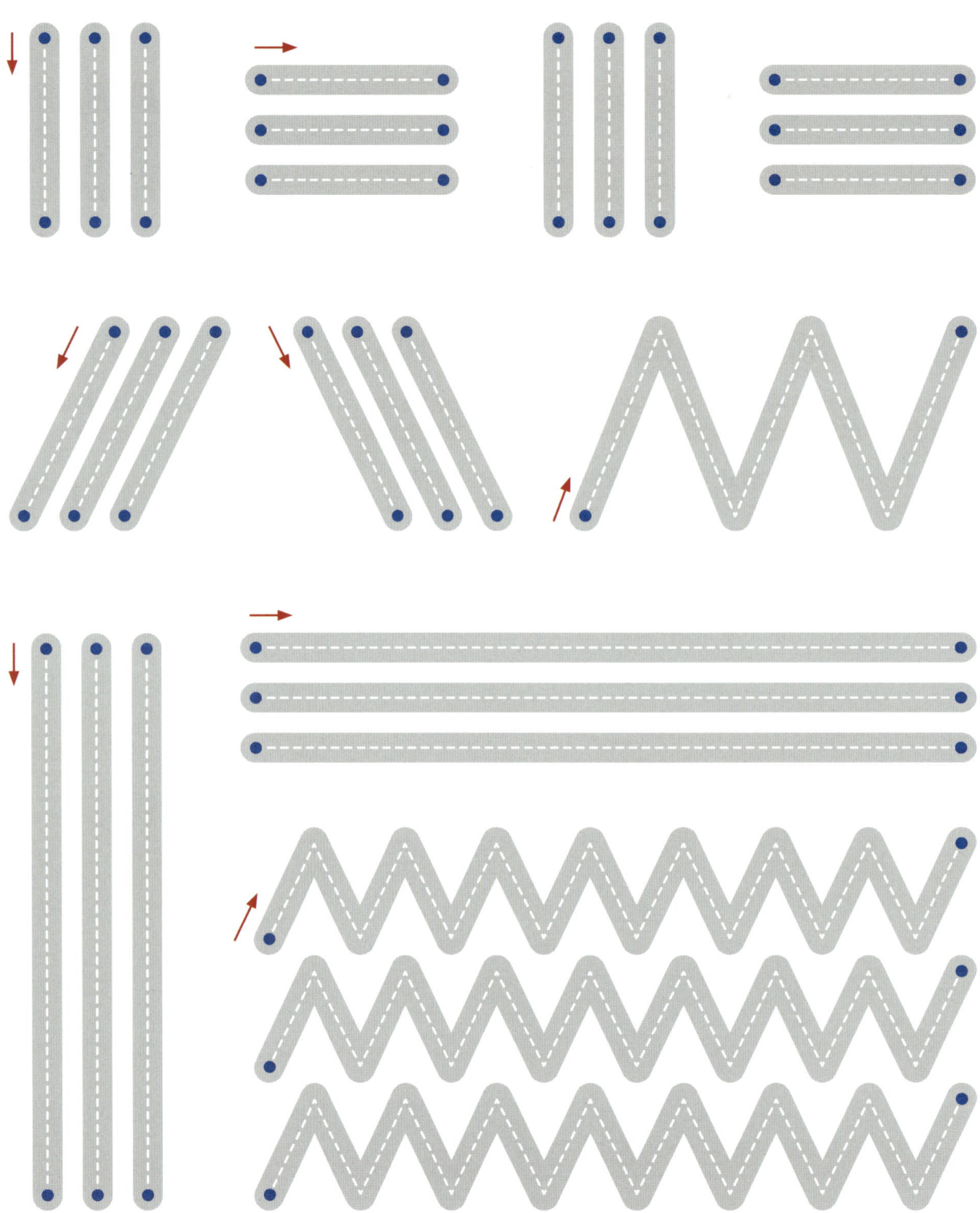

06 글씨의 기본, 바른 선 긋기 2

둥글거나 구불구불한 선을 그으면서 손을 풀어 보세요.

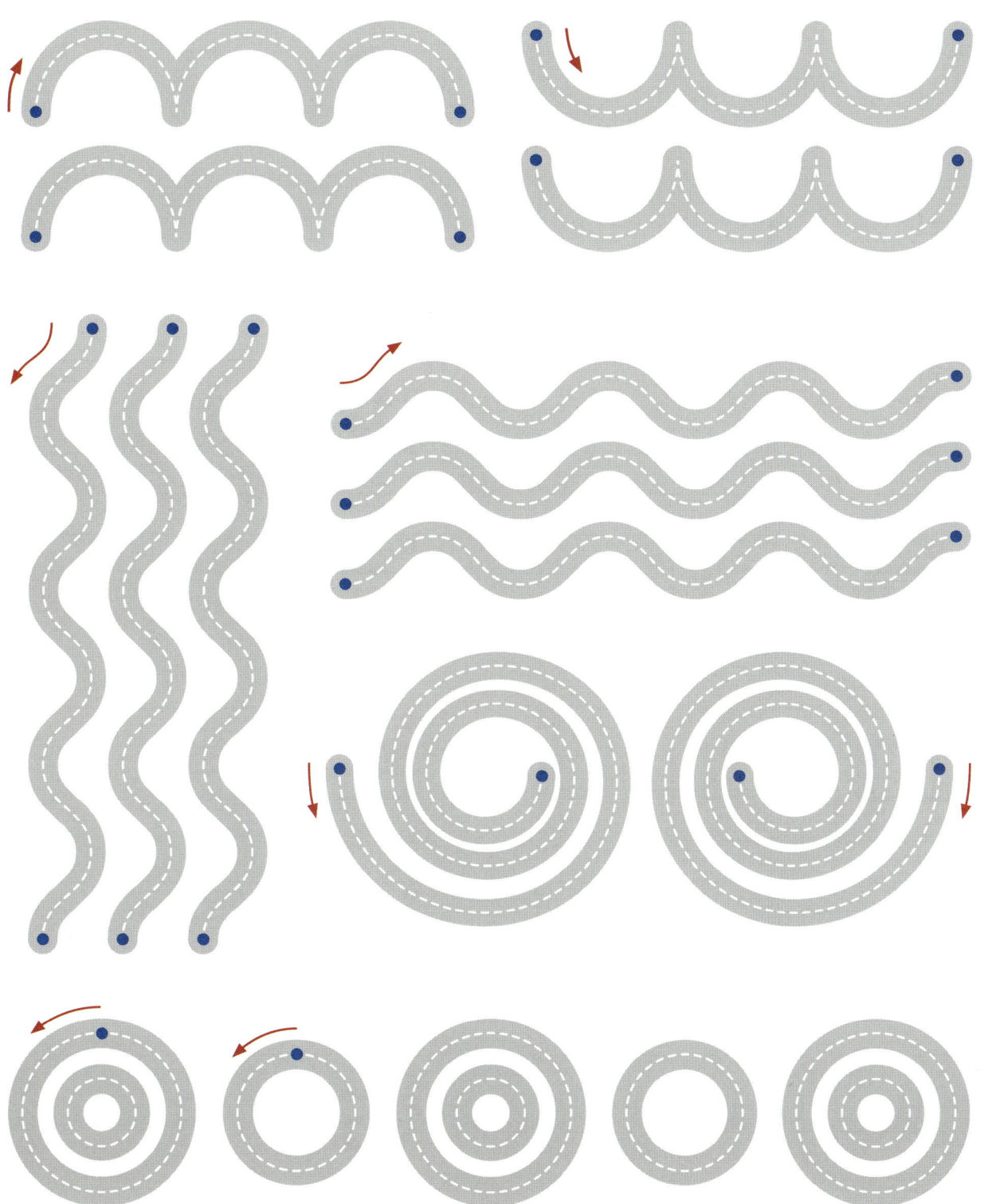

07 자음 획순에 맞춰 쓰기

획순에 맞게 자음을 써 보세요.

08 모음 획순에 맞춰 쓰기

획순에 맞게 모음을 써 보세요.

이제 다음 장부터는 노랫말로 바른 글씨 연습을 해요.

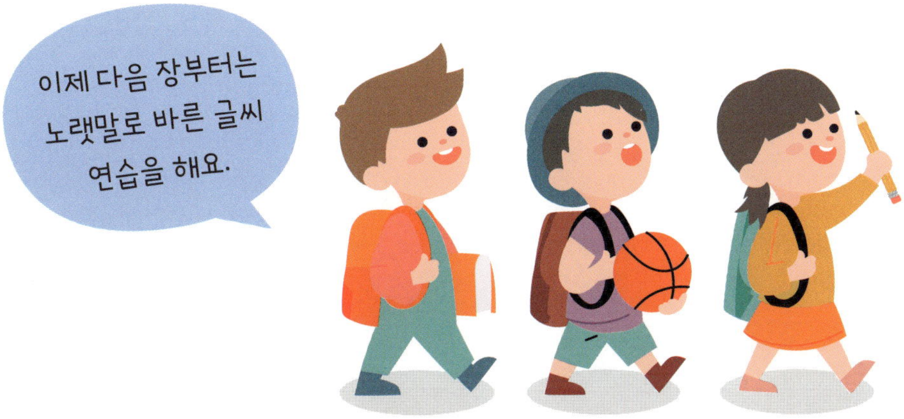

1장 희망찬 노랫말 바르게 쓰기

꿈, 미래, 희망

친구들의 꿈은 무엇인가요?
앞으로 펼쳐질 나의 눈부신 미래를 상상하며
희망찬 노랫말을 따라 써 보세요.

1장의 노랫말 글씨 쓰기

1일 차 신호등 이무진

2일 차 가을 아침 아이유

3일 차 다시 만난 세계 소녀시대

4일 차 나의 사춘기에게 볼빨간 사춘기

5일 차 고등어 루시드폴

신호등

노래 이무진 | 작사 이무진 | 작곡 이무진

이제야 목적지를 정했지만
가려한 날 막아서네 난 갈 길이 먼데

새빨간 얼굴로 화를 냈던
친구가 생각나네

이미 난 발걸음을 떼었지만
가려한 날 재촉하네 걷기도 힘든데

새파랗게 겁에 질려 도망간
친구가 뇌에 *맴도네

*(머리에) 맴돌다 분명하지 않은 생각이 계속 떠오르다.

1일차 월   일

이제 막 어른이 된 청춘의 마음을 담은 곡이에요. 사람과 사회를 자동차와 도로에, 지켜야 할 규칙을 신호등에 비유했어요. 천천히 바른 자세로 노랫말을 따라 써 보세요.

***건반처럼 생긴 도로 위 수많은 동그라미들
모두가 멈췄다 굴렀다 말은 잘 들어**

그건 나도 문제가 아냐

붉은색 푸른색 그사이 3초 그 짧은 시간

**노란색 빛을 내는 저기 저 신호등이
내 머릿속을 텅 비워버려**

내가 빠른지도 느린지도 모르겠어
그저 눈앞이 *샛노랄 뿐이야

***건반** 피아노, 오르간 등에서 손가락으로 치도록 된 부분.   ***샛노랗다** 매우 노랗다.

짧은 문장 쓰기 글자 모양을 생각하며 짧은 문장을 써 보세요.

발걸음을 떼었지만

멈췄다 굴렀다

수많은 동그라미들

온 세상을 거닐 친구

번갈아 가며 비추고

가로줄 공책 연습 공책 밑줄에 맞춰 모양이 반듯하게 글씨를 써 보세요.

새빨간 얼굴로 화를 냈던

새파랗게 겁에 질려 도망간

난 아직 초짜란 말이야

붉은 색 푸른 색 그사이 3초

노란색 빛을 내는 저기 저 신호등

어릴 때가 더 좋았던 것 같아

개성 있는 글씨 쓰기 연필, 색연필, 사인펜 등을 사용해서 개성 있는 손글씨를 연습해요.

목적지를 정했지만

가려한 날 막아서네

난 갈 길이 먼데

건반처럼 생긴 도로 위

수많은 동그라미들 모두가

멈췄다 굴렀다 말은 잘 들어

내가 빠른지도

느린지도 모르겠어

그저 눈앞이 샛노랄 뿐이야

붉은색 푸른색

그사이 3초 그 짧은 시간

노란색 빛을 내는 저기 저 신호등이

생활 속 글씨 연습 : 메모 쓰기   어른이 되었을 때를 상상하며 하고 싶은 일을 써 보세요.

• 어른이 되면 꼭 하고 싶은 일 •
- ♥ 혼자 유럽 배낭 여행 떠나기
- ♥ 아르바이트 하기
- ♥ 이성 친구 사귀기
- ♥ 운전면허증 따서 운전하기
- ♥ 주민 등록증 만들기

• 어른이 되면 꼭 하고 싶은 일 •
- ♥ _____
- ♥ _____
- ♥ _____
- ♥ _____
- ♥ _____

가을 아침

노래 아이유 | 작사 이병우 | 작곡 이병우

이른 아침 작은 새들 노랫소리 들려오면
언제나 그랬듯 아쉽게 잠을 깬다

창문 하나 햇살 가득 눈부시게 비쳐 오고
서늘한 냉기에 재채기할까 말까

눈 비비며 빼꼼히 창밖을 내다보니
삼삼오오 아이들은 *재잘대며 학교 가고

산책 갔다 오시는 아버지의 양손에는
효과를 알 수 없는 *약수가 하나 가득

딸각딸각 아침 짓는 어머니의 분주함과
엉금엉금 냉수 찾는 그 아들의 게으름이

*재잘대다 낮고 빠른 목소리로 자꾸 재깔이다. *약수 먹거나 몸을 담그거나 하면 약효가 있는 샘물.

2일차　월　일

청명한 가을 아침에 평화로운 일상을 꾸리는 내용의 노래예요. 가을 분위기를 물씬 느낄 수 있어요. 천천히 바른 자세로 노랫말을 따라 써 보세요.

상큼하고 깨끗한 아침의 향기와
구수하게 밥 뜸드는 냄새가 어우러진

가을 아침 내겐 정말 커다란 기쁨이야
가을 아침 내겐 정말 커다란 행복이야

*응석만 부렸던 내겐

파란 하늘 바라보며 커다란 숨을 쉬니
드높은 하늘처럼 내 마음 편해지네

텅 빈 하늘 언제 왔나 고추잠자리 하나가
잠 덜 깬 듯 엉성히 돌기만 비잉비잉

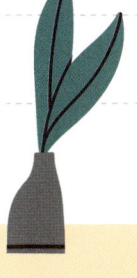

*응석 어른에게 어리광을 부리거나 귀여워해 주는 것을 믿고 버릇없이 구는 일.

짧은 문장 쓰기
글자 모양을 생각하며 짧은 문장을 써 보세요.

햇살 가득 눈부시게

눈 비비며 빼꼼히

토닥토닥 빨래하는

둥기둥기 기타 치는

아쉽게 잠을 깬다

가로줄 공책 연습 공책 밑줄에 맞춰 모양이 반듯하게 글씨를 써 보세요.

상큼하고 깨끗한 아침의 향기

구수하게 밥 뜸드는 냄새

시끄러운 조카들의 울음소리 어우러진

내겐 정말 커다란 기쁨이야

작은 새들 노랫소리 들려오면

텅 빈 하늘 언제 왔나 고추잠자리

개성 있는 글씨 쓰기 연필, 색연필, 사인펜 등을 사용해서 개성 있는 손글씨를 연습해요.

창밖을 내다보니
삼삼오오 아이들은
재잘대며 학교 가고

커다란 숨을 쉬니
드높은 하늘처럼
내 마음 편해지네

창문 하나 햇살 가득
눈부시게 비쳐 오고

가을 아침 내겐 정말
커다란 행복이야

생활 속 글씨 연습 : 생활 계획표 쓰기 하루를 알차게 보내도록 나만의 생활 계획표를 작성해요.

다시 만난 세계

노래 소녀시대 | 작사 김정배 | 작곡 KENZIE

전해주고 싶어 슬픈 시간이
다 흩어진 후에야 들리지만

눈을 감고 느껴봐 움직이는 마음
너를 향한 내 눈빛을

특별한 *기적을 기다리지 마
눈앞에선 우리의 거친 길은

알 수 없는 미래와 벽 바꾸지 않아
포기할 수 없어

변치 않을 사랑으로 지켜줘
상처 입은 내 맘까지

*기적 상식으로는 생각할 수 없는 기이한 일.

3일차 월   일

반복되는 일상에 지친 사람들에게 응원의 메시지를 전하는 노래예요. 천천히 바른 자세로 노랫말을 따라 써 보세요.

시선 속에서 말은 필요 없어
멈춰져 버린 이 시간

사랑해 널 이 느낌 이대로
그려왔던 *헤매임의 끝

*표준어는 '헤맴'으로 표기해요.

이 세상 속에서 반복되는
슬픔 이젠 안녕

수많은 알 수 없는 길 속에
*희미한 빛을 난 쫓아가

언제까지라도 함께 하는 거야
다시 만난 나의 세계

***희미하다** 분명하지 못하고 어렴풋하다.

짧은 문장 쓰기
글자 모양을 생각하며 짧은 문장을 써 보세요.

눈을 감고 느껴 봐

알 수 없는 미래

빛을 난 쫓아가

다시 만난 우리

슬픔 이제 안녕

가로줄 공책 연습 공책 밑줄에 맞춰 모양이 반듯하게 글씨를 써 보세요.

특별한 기적을 기다리지 마

바꾸지 않아 포기할 수 없어

말은 필요 없어 멈춰져 버린 이 시간

언제까지라도 함께 하는 거야

변치 않을 사랑으로 지켜줘

널 생각만 해도 난 강해져

개성 있는 글씨 쓰기 연필, 색연필, 사인펜 등을 사용해서 개성 있는 손글씨를 연습해요.

사랑해 널
이 느낌 이대로

전해주고 싶어 슬픈 시간이
다 흩어진 후에야 들리지만
눈을 감고 느껴봐

이 세상 속에서
반복되는 슬픔 이젠 안녕

이 순간의 느낌
함께 하는 거야
다시 만난 우리의

생활 속 글씨 연습 : 메모 쓰기 가까운 사람들에게 전하고 싶은 응원의 말을 써 보세요.

너를 응원해!

정말 멋져!

힘내 ♥

실수해도 괜찮아

나의 사춘기에게

노래 볼빨간 사춘기 | 작사 안지영 | 작곡 안지영

*표준어는 '바랐어'로 표기해요.

나는 한때 내가 이 세상에 사라지길 *바랬어
온 세상이 너무나 *캄캄해 매일 밤을 울던 날

차라리 내가 사라지면 마음이 편할까
모두가 날 바라보는 *시선이 너무나 두려워

아름답게 아름답던 그 시절을 난 아파서
사랑받을 수 없었던 내가 너무나 싫어서

엄마는 아빠는 다 나만 바라보는데
내 마음은 그런 게 아닌데 자꾸만 멀어만 가

어떡해 어떡해 어떡해 어떡해

*캄캄하다 아주 까맣게 어둡다. '깜깜하다'보다 거센 느낌을 준다.   ***시선** 눈이 가는 길 또는 눈의 방향.

4일 차

사춘기 시기의 불안한 마음을 표현한 노래예요. 성장통을 겪는 청소년에게 위로와 공감을 전해요. 천천히 바른 자세로 노랫말을 따라 써 보세요.

시간이 약이라는 말이 내게 정말 맞더라고
하루가 지나면 지날수록 더 나아지더라고

근데 가끔은 너무 행복하면 또 아파올까 봐
내가 가진 이 행복들을 누군가가 가져갈까 봐

아름다운 아름답던 그 기억이 난 아파서
아픈 만큼 아파해도 사라지지를 않아서

친구들은 사람들은 다 나만 바라보는데
내 모습은 그런 게 아닌데 자꾸만 멀어만 가

그래도 난 어쩌면
내가 이 세상에 밝은 빛이라도 될까 봐

짧은 문장 쓰기 글자 모양을 생각하며 짧은 문장을 써 보세요.

세상이 너무나 깜깜해

어떡해 어떡해

아름다운 아름답던

시간이 약이라는 말

포기할 수가 없어

가로줄 공책 연습 공책 밑줄에 맞춰 모양이 반듯하게 글씨를 써 보세요.

내 마음은 그런 게 아닌데

엄마 아빠는 다 나만 바라보는데

하루가 지나면 지날수록 더 나아지더라고

이 행복들을 누군가가 가져갈까 봐

이 세상에 밝은 빛이라도 될까 봐

짧게 빛을 내볼까 봐

개성 있는 글씨 쓰기 연필, 색연필, 사인펜 등을 사용해서 개성 있는 손글씨를 연습해요.

내 모습은
그런 게 아닌데
자꾸만 멀어만 가

아름답게
아름답던
그 시절을 난 아파서

짧게 빛을 내볼까 봐
포기할 수가 없어

얼마나 얼마나
얼마나 아팠을까

생활 속 글씨 연습 : 상장 쓰기 사춘기를 겪고 있는 사람에게 줄 특별한 상장을 완성해 보세요.

사춘기 훌훌 상

이름 :

위 사람은 사춘기를 지혜롭게 끝냈기에

이 상장을 드립니다.

더 힘찬 내일을 응원합니다.

2024년   9월   1일

상

이름 :

년   월   일

고등어

노래 루시드폴 | 작사 루시드폴 | 작곡 루시드폴

어디로든 갈 수 있는 튼튼한 지느러미로
나를 원하는 곳으로 헤엄치네

돈이 없는 사람들도 배불리 먹을 수 있게
나는 또다시 바다를 *가르네

몇만 원이 넘는다는 서울의 꽃등심보다
맛도 없고 *비린지는 몰라도

그래도 나는 안다네 그동안 내가 지켜온
수많은 가족들의 저녁 밥상

나를 고를 때면 내 눈을 바라봐줘요
난 눈을 감는 법도 몰라요

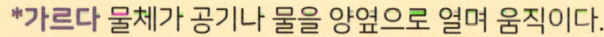

*가르다 물체가 공기나 물을 양옆으로 열며 움직이다.
*비리다 날콩이나 물고기, 동물의 피 등에서 나는 맛이나 냄새가 있다.

5일차 월   일

가족들에게 소중한 반찬이 되어주는 고등어의 시선으로 펼쳐지는 노래예요. 고등어의 따뜻한 마음이 느껴져요. 천천히 바른 자세로 노랫말을 따라 써 보세요.

*가난한 그대 날 골라줘서 고마워요
*수고했어요 오늘 이 하루도

나를 고를 때면 내 눈을 바라봐줘요
난 눈을 감는 법도 몰라요

가난한 그대 날 골라줘서 고마워요
수고했어요 오늘 이 하루도

나를 고를 때면 내 눈을 바라봐줘요
난 눈을 감는 법도 몰라요

가난한 그대 날 골라줘서 고마워요
수고했어요 오늘 이 하루도

***가난** 살림살이가 넉넉하지 못하거나 그런 상태.   ***수고** 일을 하느라고 힘을 들이고 애를 씀.

짧은 문장 쓰기 글자 모양을 생각하며 짧은 문장을 써 보세요.

어디로든 갈 수 있는

튼튼한 지느러미

바다를 가르네

그동안 내가 지켜온

가족들의 저녁 밥상

가로줄 공책 연습 공책 밑줄에 맞춰 모양이 반듯하게 글씨를 써 보세요.

나를 원하는 곳으로 헤엄치네

몇만 원이 넘는다는 서울의 꽃등심

나를 고를 때면 내 눈을 바라봐줘요

난 눈을 감는 법도 몰라요

수고했어요 오늘 이 하루도

날 골라줘서 고마워요

개성 있는 글씨 쓰기 연필, 색연필, 사인펜 등을 사용해서 개성 있는 손글씨를 연습해요.

돈이 없는
사람들도
배불리 먹을 수 있게

맛도 없고 비린지는 몰라도
그래도 나는 안다네

나를 고를 때면
내 눈을 봐라봐줘요

가난한 그대 날 골라줘서 고마워요
수고했어요 오늘 이 하루도

생활 속 글씨 연습 : 용돈기입장 쓰기 바른 소비 습관을 갖도록 용돈기입장을 써 보세요.

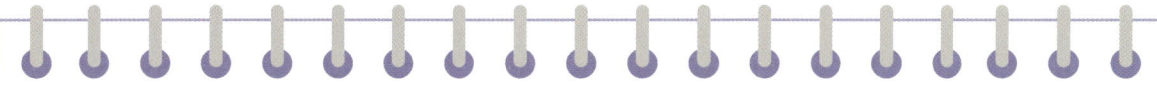

날짜	내용	들어온 돈	나간 돈	남은 돈
5 / 1	5월 용돈	30,000		
5 / 2	친구와 마라탕		4,500	25,500
5 / 3	엄마 심부름 값 받은 날	6,000		31,500
5 / 6	리후 생일 선물 구입		5,000	26,500
5 / 7	지우개 구입		500	26,000

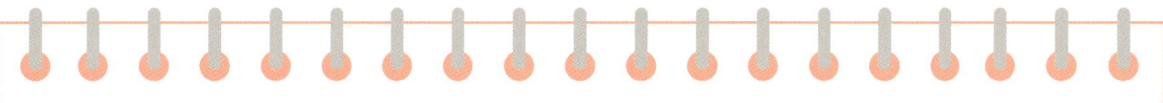

날짜	내용	들어온 돈	나간 돈	남은 돈

2장 따뜻한 노랫말 바르게 쓰기

감성, 우정, 사랑

사랑하는 사람을 생각하면 어떤 감정이 드나요?

친한 친구나 가족들을 향한 마음을 떠올리며

따뜻한 노랫말을 따라 써 보세요.

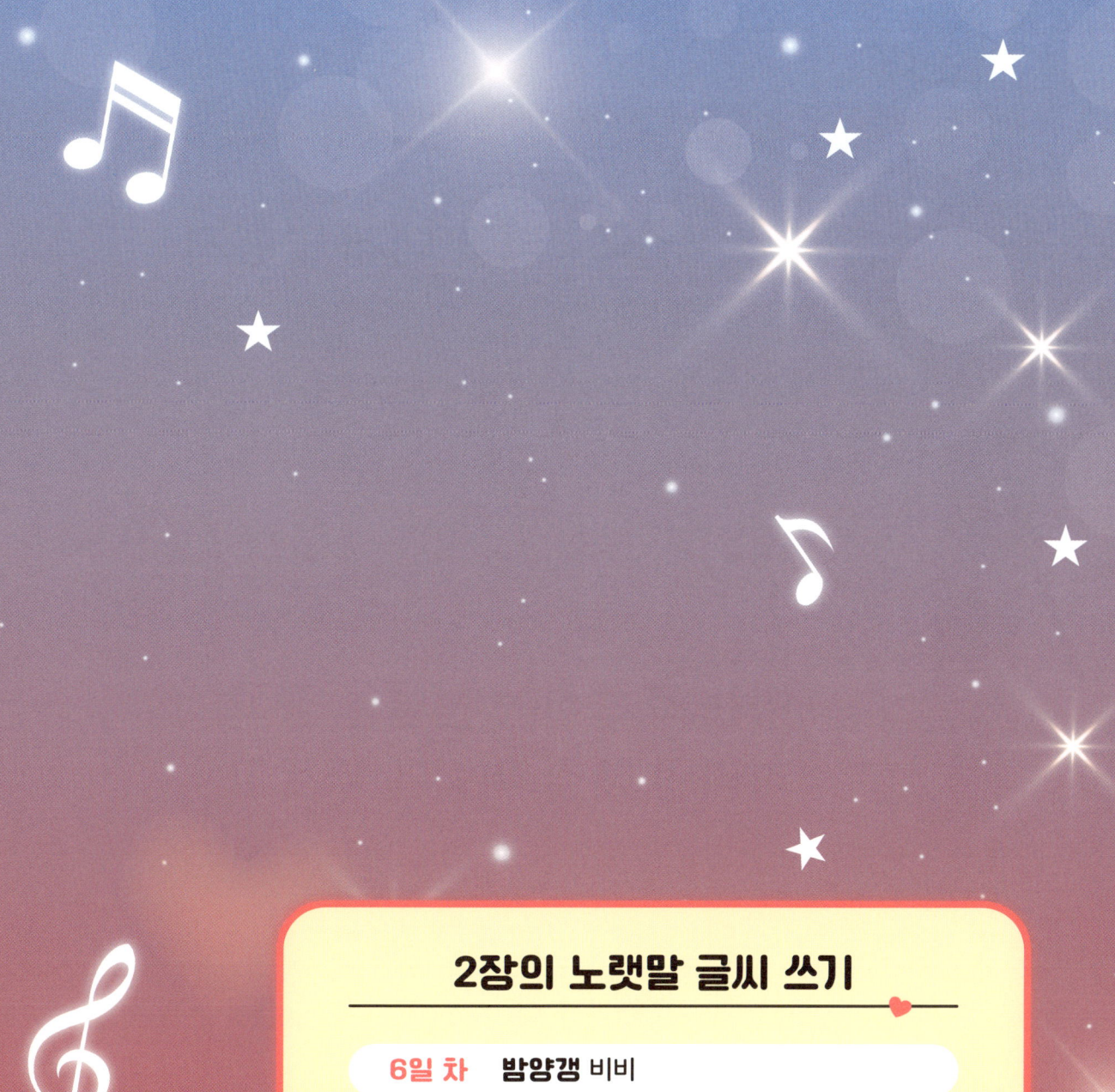

2장의 노랫말 글씨 쓰기

6일 차 밤양갱 비비

7일 차 모든 날, 모든 순간 폴킴

8일 차 들리나요 태연

9일 차 오랜 날 오랜 밤 AKMU(악뮤)

10일 차 하늘바라기 정은지

밤양갱

노래 비비 | 작사 장기하 | 작곡 장기하

*표준어는 '네가'로 표기해요.

떠나는 길에 *니가 내게 말했지

'너는 *바라는 게 너무나 많아
잠깐이라도 널 안 바라보면
머리에 불이 나버린다니까'

나는 흐르려는 눈물을 참고
하려던 얘길 어렵게 누르고

'그래 미안해'라는 한마디로
너랑 나눈 날들 마무리했었지

*표준어는 '다디달다'로 표기해요.

*달디달고 달디달고 달디단 밤*양갱 밤양갱
내가 먹고 싶었던 건 달디단 밤양갱 밤양갱이야

*바라다 원하는 사물을 얻거나 가졌으면 하고 생각하다.
*양갱 팥, 설탕이나 엿 등을 함께 쑤어서 굳힌 과자.

6일 차 월   일

> 사랑하는 사람과의 이별을 노래한 곡이에요. 노래 가사 속 밤양갱은 '진짜 사랑'을 의미해요. 천천히 바른 자세로 노랫말을 따라 써 보세요.

떠나는 길에 니가 내게 말했지
'너는 바라는 게 너무나 많아'

아냐 내가 늘 바란 건 하나야
한 개뿐이야 달디단 밤양갱

달디달고 달디달고 달디단 밤양갱 밤양갱
내가 먹고 싶었던 건 달디단 밤양갱 밤양갱이야

*상다리가 부러지고
둘이서 먹다 하나가 쓰러져버려도

나라는 사람을 몰랐던 넌
떠나가다가 돌아서서 말했지

***상다리** 상에 붙어서 상을 떠받치는 다리.

짧은 문장 쓰기 글자 모양을 생각하며 짧은 문장을 써 보세요.

흐르려는 눈물을 참고

내가 먹고 싶었던 건

내가 늘 바란 건

상다리가 부러지고

밤양갱 밤양갱이야

가로줄 공책 연습 공책 밑줄에 맞춰 모양이 반듯하게 글씨를 써 보세요.

'너는 바라는 게 너무나 많아'

머리에 불이 나버린다니까

'그래 미안해'라는 한마디로

떠나가다가 돌아서서 말했지

나라는 사람을 몰랐던 넌

한 개뿐이야 달디단 밤양갱

개성 있는 글씨 쓰기 연필, 색연필, 사인펜 등을 사용해서 개성 있는 손글씨를 연습해요.

흐르려는 눈물을 참고
하려던 얘길
어렵게 누르고

내가 먹고 싶었던 건
달디단 밤양갱 밤양갱

상다리가 부러지고
둘이서 먹다
하나가 쓰러져버려도

너는 바라는 게 너무나 많아
아냐 내가 늘 바란 건 하나야

생활 속 글씨 연습 : 생일 축하 카드 쓰기 축하하는 마음을 담아 바른 글씨로 카드를 써 보세요.

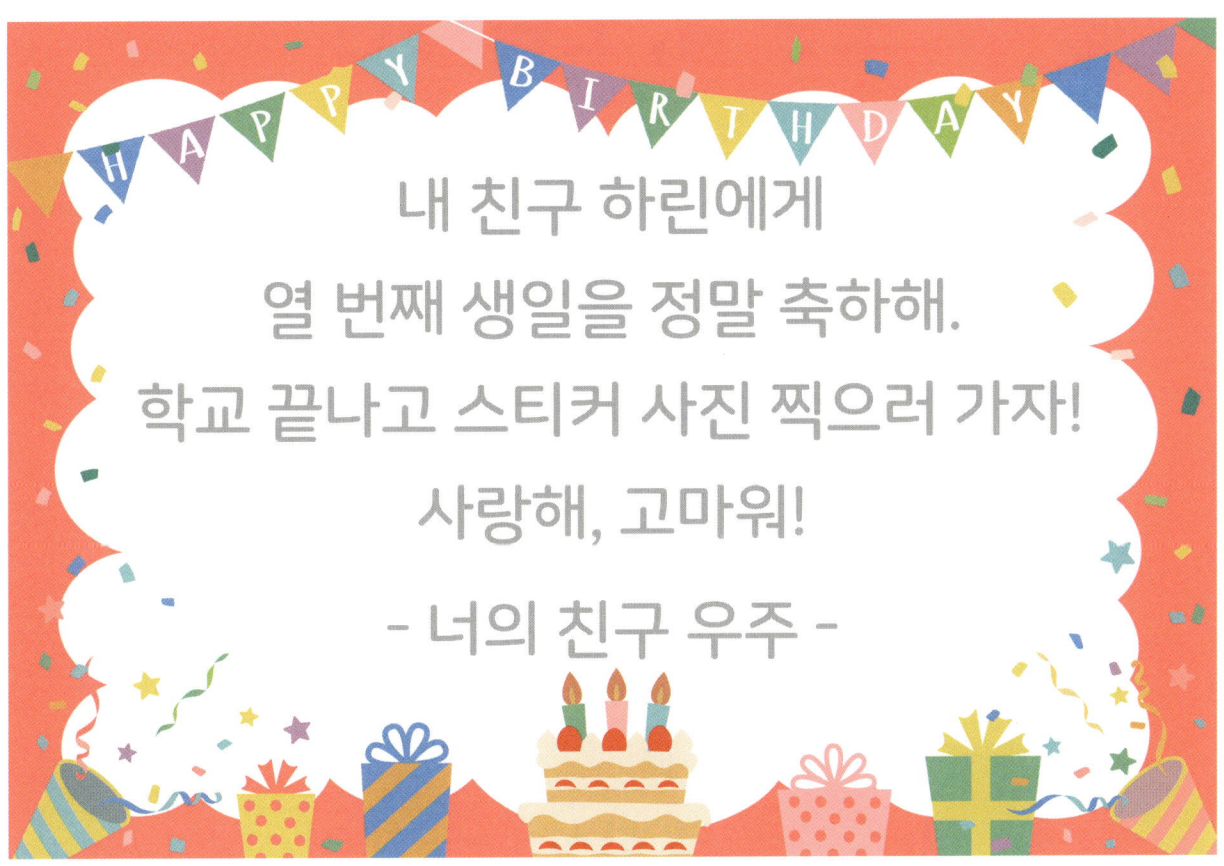

내 친구 하린에게
열 번째 생일을 정말 축하해.
학교 끝나고 스티커 사진 찍으러 가자!
사랑해, 고마워!
- 너의 친구 우주 -

모든 날, 모든 순간

노래 플림 | 작사 이께깡페1 | 작곡 이께깡페1

네가 없이 웃을 수 있을까
생각만 해도 눈물이 나

힘든 시간 날 지켜준 사람
이제는 내가 그댈 지킬 테니

너의 *품은 항상 따뜻했어
*고단했던 나의 하루에 유일한 휴식처

나는 너 하나로 충분해
긴말 안 해도 눈빛으로 다 아니깐

한 송이의 꽃이 피고 지는
모든 날, 모든 순간 함께해

*품 두 팔을 벌려서 안을 때의 가슴.   *고단하다 몸이 지쳐서 느른하다.

7일차 　월　　일

힘든 시간을 함께 견딘 사랑하는 사람에게 앞으로 모든 날, 모든 순간 함께하자고 이야기하는 노래예요. 천천히 바른 자세로 노랫말을 따라 써 보세요.

햇살처럼 빛나고 있었지
나를 보는 네 눈빛은

꿈이라고 해도 좋을 만큼
그 모든 순간은 눈부셨다

불안했던 나의 고된 삶에
한줄기 빛처럼 다가와 날 웃게 해준 너

나는 너 하나로 *충분해
긴말 안 해도 눈빛으로 다 아니깐

 한 송이의 꽃이 피고 지는
모든 날, 모든 순간 함께해

***충분하다** 모자람이 없이 넉넉하다.

짧은 문장 쓰기 글자 모양을 생각하며 짧은 문장을 써 보세요.

날		지	켜	준		사	람		
날		지	켜	준		사	람		

항	상		따	뜻	했	어			
항	상		따	뜻	했	어			

모	든		순	간	은		눈	부	셨	다
모	든		순	간	은		눈	부	셨	다

너		하	나	로		충	분	해	
너		하	나	로		충	분	해	

영	원	했	으	면		해			
영	원	했	으	면		해			

가로줄 공책 연습 공책 밑줄에 맞춰 모양이 반듯하게 글씨를 써 보세요.

긴말 안 해도 눈빛으로 다 아니깐

나의 하루에 유일한 휴식처

한 송이의 꽃이 피고 지는

햇살처럼 빛나고 있었지

불안했던 나의 고된 삶에

모든 날, 모든 순간 함께해

개성 있는 글씨 쓰기 연필, 색연필, 사인펜 등을 사용해서 개성 있는 손글씨를 연습해요.

나를 보는 네 눈빛은
꿈이라고 해도
좋을 만큼

네 품속에 있는 지금 순간순간이
영원했으면 해

바람이 좋은 날에
햇살 눈부신
어떤 날에

처음 내게 왔던
그날처럼

생활 속 글씨 연습 : 편지 봉투 쓰기 편지 봉투 겉면에 주소를 정확하게 써 보세요.

보내는 사람
서울시 동대문구 장안벚꽃로 167
조한나
0 2 5 2 4

받는 사람
경기도 남양주시 다산중앙로 81길
이다엘
1 2 2 4 8

보내는 사람

받는 사람

들리나요

노래 태연 | 작사 임보경 | 작곡 이상준

조금만 아파도 눈물 나요
가슴이 소리쳐요
그대 앞을 그대 *곁을 지나면

온통 세상이 그대인데
그대만 그리는데
그대 앞에선 숨을 죽여요

내게 그대가 인연이 아닌 것처럼
그저 스치는 *순간인 것처럼

쉽게 날 지나치는 그대 곁에
또 다가가 한 걸음조차
채 뗄 수 없을지라도

*곁 어떤 대상의 옆. 또는 공간적, 심리적으로 가까운 데.   *순간 아주 짧은 동안.

짝사랑하는 애틋한 마음을 담은 노래예요. 좋아하는 사람에게 고백하고 싶지만, 거절당해서 못 볼까 주저하는 내용이 담겼어요. 천천히 바른 자세로 노랫말을 따라 써 보세요.

***서성이게 해 눈물짓게 해
바보처럼 아이처럼
차라리 그냥 웃어버려**

점점 다가설수록
자꾸 겁이 나지만
이 사랑은 멈출 수가 없나 봐

**왜 내 사랑만 더딘 거죠
내 사랑만 힘들죠
그대 앞에 그대 곁에 있어도**

온통 세상이 그대인데 그대만 그리는데
그대 앞에서 난 먼 곳만 봐요

***서성이다** 한곳에 서 있지 않고 주위를 왔다 갔다 하다.

짧은 문장 쓰기 글자 모양을 생각하며 짧은 문장을 써 보세요.

바보처럼 아이처럼

점점 다가설수록

자꾸 겁이 나지만

그냥 웃어버려

그게 사랑이죠

가로줄 공책 연습 공책 밑줄에 맞춰 모양이 반듯하게 글씨를 써 보세요.

조금만 아파도 눈물 나요

그저 스치는 순간인 것처럼

서성이게 해 눈물짓게 해

이 사랑은 멈출 수가 없나 봐

왜 내 사랑만 더딘 거죠

혹시 이 기다림이 이 그리움이

개성 있는 글씨 쓰기 연필, 색연필, 사인펜 등을 사용해서 개성 있는 손글씨를 연습해요.

온통 세상이 그대인데
그대만 그리는데
그대 앞에선

쉽게 날 지나치는
그대 곁에 또 다가가
한 걸음조차

닿을 때면 들릴 때면
차라리 모른 척해 줘요

자꾸 겁이 나지만
이 사랑은 멈출 수가 없네요

생활 속 글씨 연습 : 일기 쓰기 하루 동안 있었던 일을 생각하며 일기를 써 보세요.

---

8 월 **6** 일 **화** 요일

나는 우리 반에서 유진이가 제일 좋다.

그런데 유진이는 나보다 진아와 친하게 지낸다.

어떻게 하면 유진이랑 단짝이 될 수 있을까?

오늘의 중요한 일	숙제	오늘의 착한 일	심부름
오늘의 할 일	도서관 가기	내일의 할 일	소풍 가기

월   일   요일

오늘의 중요한 일		오늘의 착한 일	
오늘의 할 일		내일의 할 일	

오랜 날 오랜 밤

노래 AKMU(악뮤) | 작사 이찬혁 | 작곡 이찬혁

별 하나 있고 너 하나 있는
그곳이 내 *오랜 밤이었어

사랑해란 말이 *머뭇거리어도
거짓은 없었어

넌 화나 있고 참 조용했던
그곳이 내 오랜 밤이었어

어둠 속에서도 잠 이루지 못해
흐느껴오는 너의 목소리

*오랜 이미 지닌 동안이 긴.
*머뭇거리다 말이나 행동 등을 선뜻 결단하여 행하지 못하고 자꾸 망설이다.

9일차 　월　　일

사랑했던 사람과의 추억을 생각하며, 함께했던 시간이 행복했다고 회상하는 노래예요. 천천히 바른 자세로 노랫말을 따라 써 보세요.

그대 곁이면
그저 곁에서만 있어도

행복했단 걸
그 사실까지 나쁘게 추억 말아요

오랜 날 오랜 밤 동안
정말 사랑했어요

아직도 잘 모르겠어
당신의 흔적이 지울 수 없이 소중해

짧은 문장 쓰기 글자 모양을 생각하며 짧은 문장을 써 보세요.

오랜 날 오랜 밤

정말 사랑했어요

거짓은 없었어

지울 수 없이 소중해

추억만 하게 하겠죠

| **가로줄 공책 연습** | 공책 밑줄에 맞춰 모양이 반듯하게 글씨를 써 보세요.

그곳이 내 오랜 밤이었어

넌 화나 있고 참 조용했던

그저 곁에만 있어도 행복했단 걸

넌 가만있고 나도 그러했던

보고 싶고 또 행복했어

하늘이 참 뿌옇고 맘을 다잡아야 하죠

개성 있는 글씨 쓰기 연필, 색연필, 사인펜 등을 사용해서 개성 있는 손글씨를 연습해요.

별 하나 있고
너 하나 있는
그곳이 내 오랜 밤이었어

그대 곁이면
그저 곁에서만 있어도
행복했단 걸

당신의 흔적이
지울 수 없이
소중해

오랜 날
오랜 밤 동안
정말 사랑했어요

생활 속 글씨 연습 : 동요 필사하기 *방정환이 지은 동요 '형제별'을 바른 글씨로 써 보세요.

형제별

방정환

날 저무는 하늘에 별이 삼형제
반짝반짝 정답게 지내이더니
웬일인지 별 하나 보이지 않고
남은 별이 둘이서 눈물 흘리네

'형제별' 동요는 '오랜 날 오랜 밤' 노래처럼 밤하늘의 별을 보며 소중한 사람을 그리워하는 내용이에요.

*방정환
일제강점기의 독립운동가이자 어린이 교육인이며, 1923년 5월 1일 한국 최초의 어린이날을 만들었다. 형제별 동요 중 '날 저무는 하늘'은 일제 치하 조국의 암울한 상황을 의미한다.

하늘바라기

노래 성은지 | 작사 LONG CANDY, 성은지, 이단옆차기2 | 작곡 LONG CANDY, 성은지, 이단옆차기4

꽃잎이 내 맘을 흔들고

꽃잎이 내 눈을 적시고

**아름다운 기억
푸른 하늘만 바라본다**

*꼬마야 약해지지 마
슬픔을 혼자 안고 살지는 마

**아빠야 어디를 가야
당신의 마음처럼 살 수 있을까**

가장 큰 별이 보이는 우리 동네

*꼬마 어린아이를 귀엽게 이르는 말

> 딸이 아빠를 생각하는 마음이 잘 드러난 노래예요. 아빠를 하늘에, 꼬마를 하늘바라기에 비유했어요. 천천히 바른 자세로 노랫말을 따라 써 보세요.

**따뜻한 햇살 꽃이 피는 봄에
그댈 위로해요 그댈 사랑해요
그대만의 노래로**

따뜻한 바람이 부는 봄 내음
그대와 이 길을 함께 걷네

**아련한 내 맘이 겨우 닿는 곳에
익숙한 골목 뒤에 숨어있다가**

그대 오기만 오기만
기다린 그때가 자꾸만 떠올라

*하늘바라기 하늘만 *멍하니

---

*하늘바라기 국화과의 여러해살이 풀.   *멍하니 정신이 나간 것처럼 얼떨떨하게.

짧은 문장 쓰기
글자 모양을 생각하며 짧은 문장을 써 보세요.

푸른 하늘만 바라본다

아름다운 기억

그댈 사랑해요

아빠야 약해지지 마

그대가 내 하늘이잖아

가로줄 공책 연습 공책 밑줄에 맞춰 모양이 반듯하게 글씨를 써 보세요.

꽃잎이 내 눈을 적시고

슬픔을 혼자 안고 살지는 마

따뜻한 햇살 꽃이 피는 봄에

그대가 내 하늘이잖아

그대와 이 길을 함께 걷네

빗속을 걸어도 난 감사하니깐

개성 있는 글씨 쓰기 연필, 색연필, 사인펜 등을 사용해서 개성 있는 손글씨를 연습해요.

아빠야 어디를 가야
당신의 마음처럼
살 수 있을까

아련한 내 맘이
겨우 닿는 곳에

뚜루뚜뚜두 두두두
하늘바라기 하늘만
멍하니

따뜻한 햇살 꽃이 피는 봄에
그댈 위로해요 그댈 사랑해요

생활 속 글씨 연습 : 편지 쓰기 어버이날을 맞아 부모님께 드릴 편지를 정성껏 써 보세요.

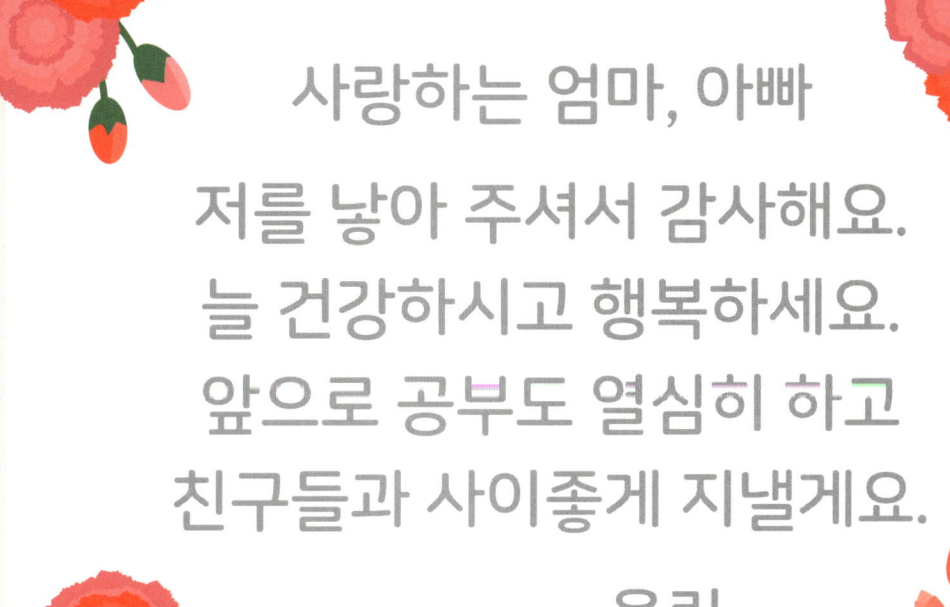

사랑하는 엄마, 아빠

저를 낳아 주셔서 감사해요.
늘 건강하시고 행복하세요.
앞으로 공부도 열심히 하고
친구들과 사이좋게 지낼게요.

_____ 올림

3장
힘을 주는 노랫말 바르게 쓰기

자신감, 격려, 위로

친구와 다툰 날, 부모님께 혼날 날, 외로웠던 날을 기억하나요? 유난히 걱정이 앞서는 날, 나를 다독여주는 말들을 떠올리며 힘을 주는 노랫말을 따라 써 보세요.

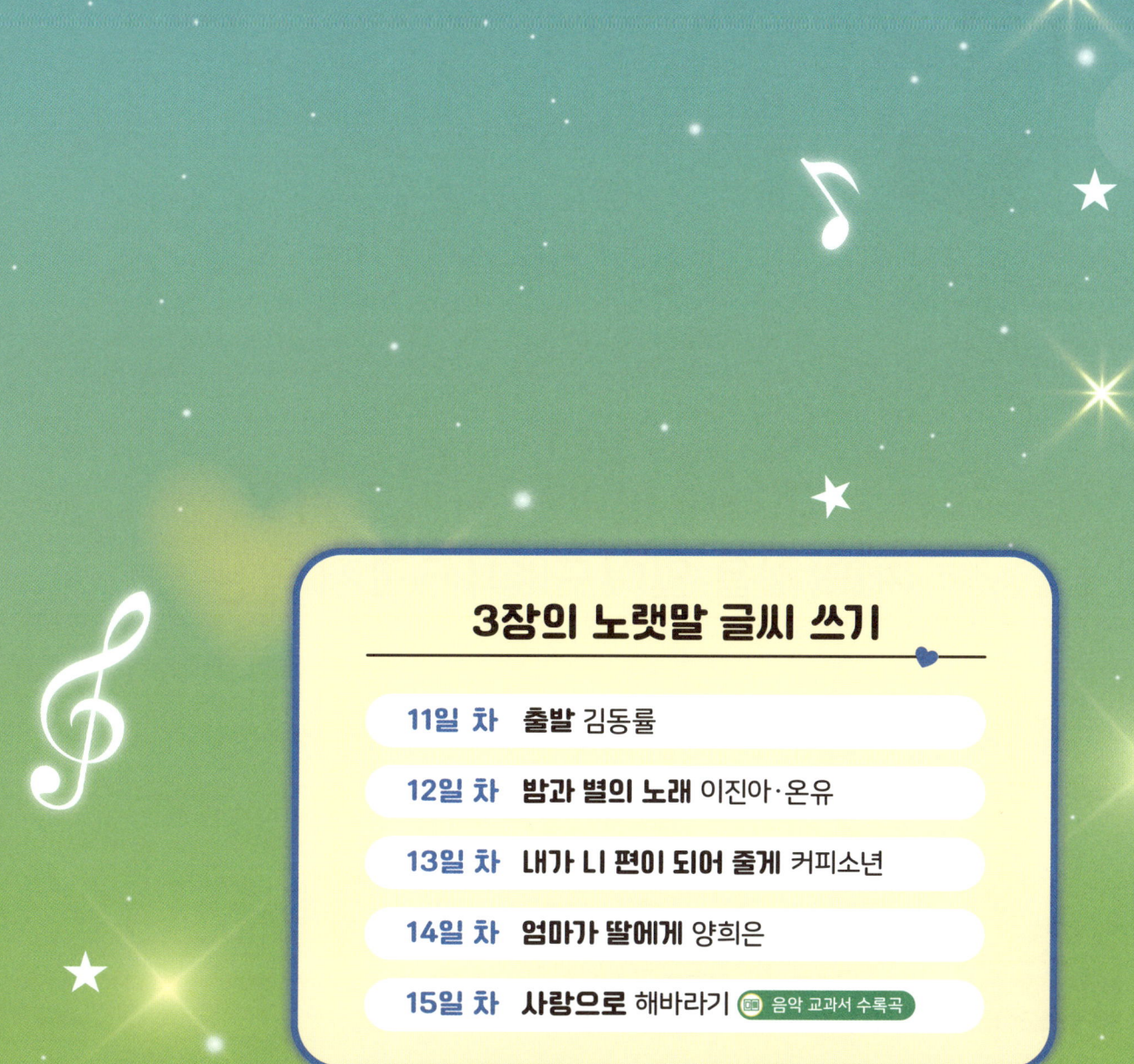

3장의 노랫말 글씨 쓰기

- **11일 차** 출발 김동률
- **12일 차** 밤과 별의 노래 이진아·온유
- **13일 차** 내가 니 편이 되어 줄게 커피소년
- **14일 차** 엄마가 딸에게 양희은
- **15일 차** 사랑으로 해바라기 음악 교과서 수록곡

출발

노래 김동률 | 작사 박창학 | 작곡 김동률

작은 물병 하나 먼지 낀 카메라
때 묻은 지도 가방 안에 넣고서

언덕을 넘어 숲길을 헤치고
가벼운 발걸음 닿는 대로
끝없이 이어진 길을
천천히 걸어가네

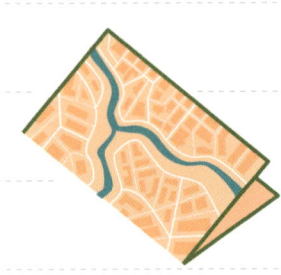

멍하니 앉아서 쉬기도 하고
가끔 길을 잃어도 *서두르지 않는 법

언젠가는 나도 알게 되겠지
이 길이 곧 나에게 가르쳐 줄 테니까

*서두르다 일을 빨리 해치우려고 급하게 바삐 움직이다.

새로운 시작을 앞둔 이들에게 용기와 희망을 전하는 노래예요.
두려움 대신 설렘을 안고 나아가길 응원하며, 천천히 바른 자세로 노랫말을 써 보세요.

새로운 풍경에 가슴이 뛰고
별것 아닌 일에도 *호들갑을 떨면서

나는 걸어가네 휘파람 불며
때로는 넘어져도 내 길을 걸어가네

내가 자라고 정든 이 거리를
난 가끔 그리워하겠지만

이렇게 나는 떠나네
더 넓은 세상으로

***호들갑** 경망스럽고 야단스러운 말이나 행동.

짧은 문장 쓰기 글자 모양을 생각하며 짧은 문장을 써 보세요.

그곳에선 누구를

만날 수가 있을지

얼마나 더 먼 곳을

바라볼 수 있을지

천천히 걸어가네

가로줄 공책 연습 공책 밑줄에 맞춰 모양이 반듯하게 글씨를 써 보세요.

새로운 풍경에 가슴이 뛰고

나는 걸어가네 휘파람 불며

아주 멀리까지 가 보고 싶어

가벼운 발걸음 닿는 대로

끝없이 이어진 길을 천천히 걸어가네

가끔 길을 잃어도 서두르지 않는 법

개성 있는 글씨 쓰기 연필, 색연필, 사인펜 등을 사용해서 개성 있는 손글씨를 연습해요.

촉촉한 땅바닥
앞서 간 발자국

처음 보는 하늘
그래도 낯익은 길

언덕을 넘어 숲길을 헤치고
가벼운 발걸음 닿는 대로

때로는 넘어져도
내 길을 걸어가네

생활 속 글씨 연습 : 원고지 쓰기

글씨를 따라 쓰고, 뒤의 내용을 자유롭게 이어써 보세요.

글 종류: 첫째 줄에 써요.
제목: 두 번째 줄 가운데에 쓰고, 마침표를 찍지 않아요.
번호: 원고지마다 글의 순서를 나타내는 번호를 적어요.
학교: 제목 아랫줄에 쓰고, 오른쪽에 두 칸을 비워요.

NO.1

```
∨ < 생 활 문 >
              나 의   고 백
                        한 강 초 등 학 교 ∨∨
                        4 학 년   1 반   송 유 찬 ∨∨

∨  나 는   사 실   우 리   누 나 가   자 랑 스 럽 다 .
오 늘   일 이 었 다 .
∨ " 유 찬 아 , 소 식   들 었 어 ? "
∨ " 응 ?   무 슨   일 이 야 ? "
```

본문: 이름을 쓴 다음 줄을 비운 뒤, 그 다음 줄 첫 칸을 띄고 써요.
따옴표 문장: 줄을 바꾸어, 왼쪽 첫 칸을 비우고 써요.
학교: 학교 다음 줄에 쓰고, 오른쪽에 두 칸을 비워요.
반, 이름

NO.2

밤과 별의 노래

노래 이진아·온유 | 작사 이진아, 유희열, SIMON SAKARIAS, OBERG ANDREAS GUSTAV ERIK
작곡 이진아, SIMON SAKARIAS, OBERG ANDREAS GUSTAV ERIK

마음이 어두워서 잠드는 게 어려워져
복잡한 세상들이 부지런히 괴롭혀

창밖에 *햇살이 내 얼굴 가득 덮어도
눈을 뜨는 일이 싫은 걸

이제 널 볼 수가 없는 이 현실이
다시 바뀔 수 있다면

내가 어두운 밤이 되면 별이 되어 줘
네가 반짝반짝 빛나는 별이 돼 줄래?

모두들 잠드는 *침묵의 밤 너머에
네가 내 친구가 되어 줘

*햇살 해에서 나오는 빛의 줄기 또는 그 기운. *침묵 아무 말도 없이 잠잠히 있거나 그런 상태.

어두운 밤이 되면 늘 별이 찾아오듯이, 내가 힘든 상황에 놓였을 때 함께해 달라고 이야기하는 노래예요. 천천히 바른 자세로 노랫말을 따라 써 보세요.

친구가 되어 줘

얼마나 좋을까 꿈이 만약 이뤄지면
너와 함께할 수 있다면

힘겨운 *하루 끝 늘 찾아오는 별처럼
널 볼 수 있다면

내가 어두운 밤이 되면 별이 되어 줘
네가 반짝반짝 빛나는 별이 돼 줄래?

모두들 잠드는 침묵의 밤 너머에
네가 내 친구가 되어 줘

*하루 한 낮과 한 밤이 지나는 동안.

짧은 문장 쓰기 글자 모양을 생각하며 짧은 문장을 써 보세요.

마음이 어두워서

반짝반짝 빛나는 별

알 수 없는 내일

꿈이 만약 이뤄지면

내 친구가 되어 줘

가로줄 공책 연습 공책 밑줄에 맞춰 모양이 반듯하게 글씨를 써 보세요.

얼마나 좋을까 꿈이 만약 이뤄지면

창밖에 햇살이 내 얼굴 가득 덮어도

내가 어두운 밤이 되면 별이 되어 줘

내가 눈물의 밤 지새면 빛이 되어 줘

힘겨운 하루 끝 늘 찾아오는 별처럼

나도 너의 불안한 밤에 빛이 돼 줄게

개성 있는 글씨 쓰기 연필, 색연필, 사인펜 등을 사용해서 개성 있는 손글씨를 연습해요.

창밖에 햇살이 내 얼굴 가득 덮어도
눈을 뜨는 일이 싫은 걸

네가 반짝반짝
빛나는
별이 돼 줄래?

네가 알 수 없는 내일에
별이 돼 줄래?
모두들 어딘가 떠나는 밤 너머에

네가 내 친구가
되어 줘
별빛이 되어 줘

생활 속 글씨 연습 : 목록 만들기   친한 친구와 함께 하고 싶은 일을 적어서 목록을 만들어요.

• 친구와 함께 하고 싶은 일 •

1. 잠옷 파티하기
2. 다이어리 스티커 고르기
3. 춤 연습하고 동영상 찍기
4. 좋아하는 가수 콘서트 가기
5. 놀이공원에서 귀신의 집 들어가기

• 친구와 함께 하고 싶은 일 •

1.
2.
3.
4.
5.

내가 *니 편이 되어 줄게

*표준어는 '네 편'으로 표기해요.

노래 커피소년 | 작사 커피소년 | 작곡 커피소년

누가 내 맘을 *위로할까
누가 내 맘을 알아줄까

모두가 나를 비웃는 것 같아
기댈 곳 하나 없네

이젠 괜찮다 했었는데
익숙해진 줄 알았는데

다시 찾아온 이 *절망에 나는
또 쓰러져 혼자 남아있네

내가 니 편이 되어 줄게 괜찮다 말해 줄게
다 잘될 거라고 넌 빛날 거라고

*위로 따뜻한 말이나 행동으로 괴로움을 덜어 주거나 슬픔을 달래 줌.
*절망 바라볼 것이 없게 되어 모든 희망을 끊어 버리거나 그런 상태.

아무도 내 마음을 몰라 줄 때, 혹은 혼자 남은 것 같을 때 "괜찮아 다 잘될 거야."라고 말해 주는 따뜻한 위로가 담긴 노래예요. 천천히 바른 자세로 노랫말을 따라 써 보세요.

넌 나에게 *소중하다고
모두 끝난 것 같은 날에

내 목소릴 기억해
괜찮아 다 잘될 거야

넌 나에게 가장 소중한 사람

이젠 괜찮다 했었는데
익숙해진 줄 알았는데

다시 찾아온 이 절망에 나는
또 쓰러져 혼자 남아 있네

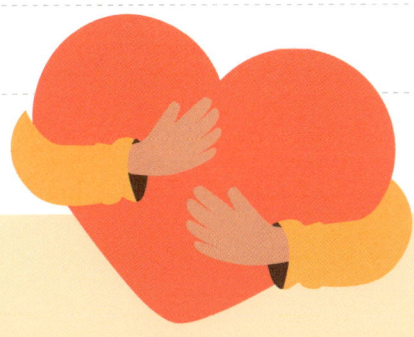

*소중하다 매우 귀중하다.

짧은 문장 쓰기 글자 모양을 생각하며 짧은 문장을 써 보세요.

기댈 곳 하나 없네

익숙해진 줄 알았는데

넌 나에게 소중하다고

혼자 남아 있네

내 목소리를 기억해

가로줄 공책 연습 공책 밑줄에 맞춰 모양이 반듯하게 글씨를 써 보세요.

모두가 나를 비웃는 것 같아

이젠 괜찮다 했었는데

다시 찾아온 이 절망에 나는

내가 니 편이 되어 줄게 괜찮다 말해 줄게

다 잘될 거라고 넌 빛날 거라고

내 목소리를 기억해 괜찮아 다 잘 될거야

개성 있는 글씨 쓰기 연필, 색연필, 사인펜 등을 사용해서 개성 있는 손글씨를 연습해요.

누가 내 맘을
위로할까
누가 내 맘을
알아줄까

다 잘될 거라고 넌 빛날 거라고
모두 끝난 것 같은 날에

넌 나에게
가장 소중한 사람

괜찮아 다 잘될 거야
넌 나에게 가장 소중한 사람

생활 속 글씨 연습 : 자기 소개 쓰기 내가 좋아하는 것, 잘 먹는 것 등을 글로 써 봐요.

나의 자랑
줄넘기 100개 하기
달리기를 잘 해요.

내가 좋아하는 것
노래 부르는 걸
좋아해요.

내가 잘 먹는 것
매운 떡볶이도
아주 잘 먹어요.

나의 자랑

내가 좋아하는 것

내가 잘 먹는 것

99

엄마가 딸에게

노래 양희은 | 작사 김창기, 양희은 | 작곡 김창기

난 잠시 눈을 붙인 줄만 알았는데
벌써 늙어 있었고
넌 항상 어린 아이일 줄만 알았는데
벌써 어른이 다 되었고

난 삶에 대해 아직도 잘 모르기에
너에게 해줄 말이 없지만

네가 좀 더 행복해지기를 원하는 마음에
내 가슴 속을 뒤져 할 말을 찾지

공부해라…… 아냐 그건 너무 교과서야
*성실해라…… 나도 그러지 못했잖아

*성실하다 정성스럽고 참되다.

엄마와 딸이 대화를 주고받듯 이어지는 노래예요. 딸을 위한 엄마의 당부와, 엄마의 말에 공감하지만 날을 새운 딸의 목소리가 대비되어 감동을 줘요. 천천히 바른 자세로 노랫말을 따라 써 보세요.

사랑해라…… 아냐 그건 너무 어려워
너의 삶을 살아라!

난 한참 세상 살았는 줄만 알았는데
아직 열다섯이고
난 항상 예쁜 딸로 머물고 싶었지만
이미 *미운털이 박혔고

난 삶에 대해 아직도 잘 모르기에
알고픈 일들 정말 많지만

*표준어는 '엄마는'으로 표기해요.
***엄만** 또 늘 같은 말만 되풀이하며
내 마음의 문을 더 굳게 닫지

***미운털** 안 좋은 선입관 때문에 어떤 짓을 하여도 밉게 보이는 것.

짧은 문장 쓰기 글자 모양을 생각하며 짧은 문장을 써 보세요.

공부해라 성실해라

중요한 건 나도 알아

나도 애쓰고 있잖아요

늘 같은 말만 되풀이

그건 너무 어려워

가로줄 공책 연습 공책 밑줄에 맞춰 모양이 반듯하게 글씨를 써 보세요.

나도 그러지 못했잖아

난 삶에 대해 아직도 잘 모르기에

네가 좀 더 행복해지기를 원하는 마음에

내 가슴 속을 뒤져 할 말을 찾지

너의 삶을 살아라!

나의 삶을 살게 해줘!

| 개성 있는 글씨 쓰기 | 연필, 색연필, 사인펜 등을 사용해서 개성 있는 손글씨를 연습해요.

공부해라

성실해라

사랑해라

더는 상처받고

싶지 않아

좀 더 좋은 엄마가

되지 못했던 걸

용서해 줄 수 있겠니?

넌 나보다는 좋은 엄마가 되겠다고

약속해 주겠니?

생활 속 글씨 연습 : 쪽지 쓰기 엄마, 아빠에게 이야기하고 싶었던 잔소리를 쪽지에 써 보세요.

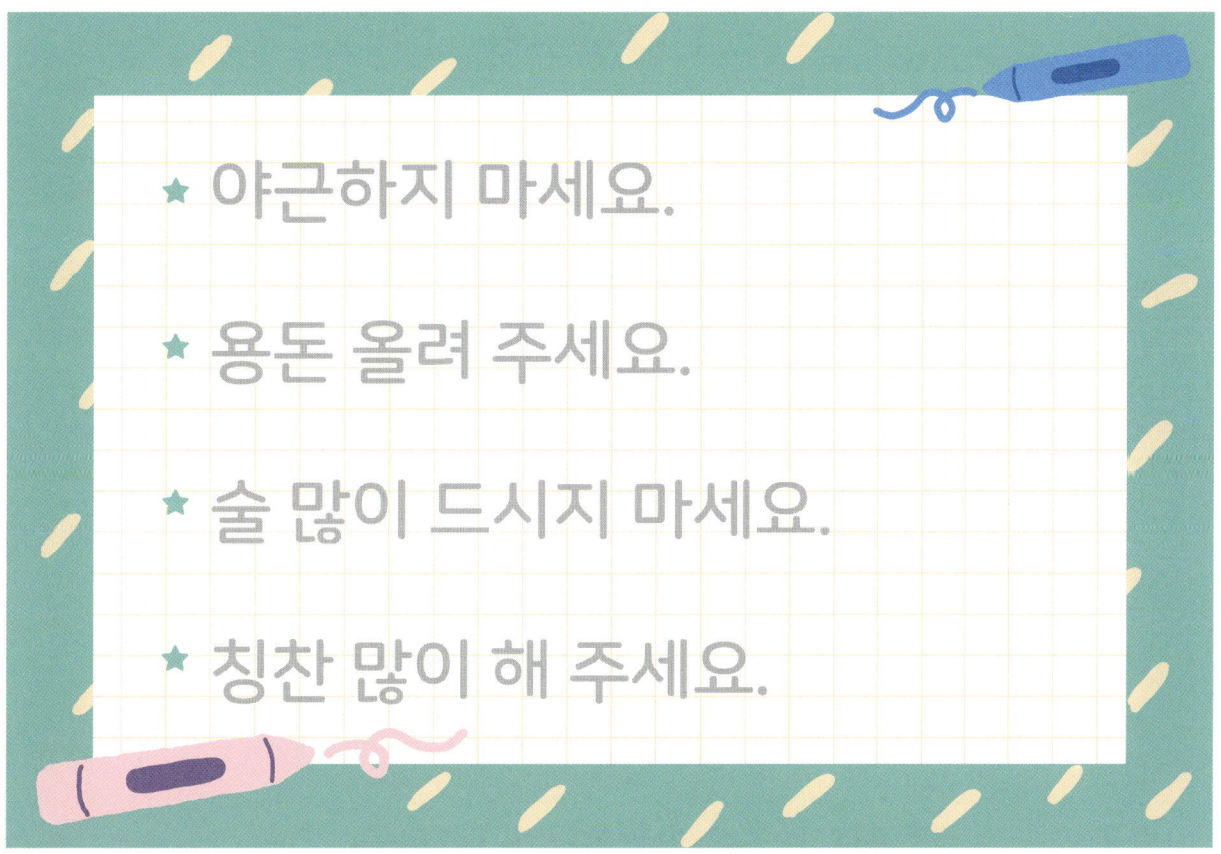

- 야근하지 마세요.
- 용돈 올려 주세요.
- 술 많이 드시지 마세요.
- 칭찬 많이 해 주세요.

사랑으로

노래 해바라기 | 작사 이주호 | 작곡 이주호

내가 살아가는 동안에
할 일이 또 하나 있지

바람 부는 *벌판에 서 있어도
나는 외롭지 않아

그러나 *솔잎 하나 떨어지면
눈물 따라 흐르고

우리 타는 가슴 가슴마다
햇살은 다시 떠오르네

아아 영원히 변치 않을
우리들의 사랑으로

*벌판 사방으로 펼쳐진 넓고 편편한 땅. *솔잎 솔 나무의 잎.

어두운 세상을 밝히는 건 사랑뿐이라고 이야기하며, 소외된 이웃에게 따뜻한 희망의 메시지를 전하는 노래예요. 천천히 바른 자세로 노랫말을 따라 써 보세요.

어두운 곳에 손을 내밀어 밝혀 주리라

내가 살아가는 동안에
할 일이 또 하나 있지

바람 부는 벌판에 서 있어도
나는 외롭지 않아

그러나 솔잎 하나 떨어지면
눈물 따라 흐르고

우리 타는 가슴 가슴마다
햇살은 다시 떠오르네

짧은 문장 쓰기 글자 모양을 생각하며 짧은 문장을 써 보세요.

솔잎 하나 떨어지면

눈물 따라 흐르고

나는 외롭지 않아

영원히 변치 않을

우리들의 사랑으로

가로줄 공책 연습 공책 밑줄에 맞춰 모양이 반듯하게 글씨를 써 보세요.

내가 살아가는 동안에

바람 부는 벌판에 서 있어도

그러나 솔잎 하나 떨어지면

우리 타는 가슴 가슴마다

햇살은 다시 떠오르네

어두운 곳에 손을 내밀어 밝혀 주리라

개성 있는 글씨 쓰기 연필, 색연필, 사인펜 등을 사용해서 개성 있는 손글씨를 연습해요.

바람 부는 벌판에 서 있어도
나는 외롭지 않아

햇살은
다시 떠오르네
아아 영원히 변치 않을

어두운 곳에
손을 내밀어
밝혀 주리라

라라라라라라라
우리들의 사랑으로

생활 속 글씨 연습 : 메모 쓰기 사랑하는 가족이나 친구에게 마음을 전하는 글을 써 보세요.

멋진 할아버지
언제나 제 말을
잘 들어주셔서
감사해요.

4장
재미있는 노랫말 바르게 쓰기

재미, 개성, 창의

횡단보도를 건너는 문어, 여행의 설렘, 마법에 빠진 공주까지, 상상력을 발휘한 톡톡 튀는 가사를 음미하며 재미있는 노랫말을 따라 써 보세요.

4장의 노랫말 글씨 쓰기

16일 차 문어의 꿈 안예은

17일 차 팥빙수 윤종신

18일 차 마법의 성 더클래식 음악 교과서 수록곡

19일 차 네모의 꿈 화이트 음악 교과서 수록곡

20일 차 여행을 떠나요 조용필 음악 교과서 수록곡

문어의 꿈

노래 안예은 | 작사 안예은 | 작곡 안예은

나는 문어 꿈을 꾸는 문어
꿈속에서는 무엇이든지 될 수 있어

나는 문어 잠을 자는 문어
잠에 드는 순간 *여행이 시작되는 거야

높은 산에 올라가면 나는 초록색 문어
장미 꽃밭 숨어들면 나는 빨간색 문어
횡단보도 건너가면 나는 줄무늬 문어

밤하늘을 날아가면 나는
*오색찬란한 문어가 되는 거
야 아아아 아아 야 아아아 아아

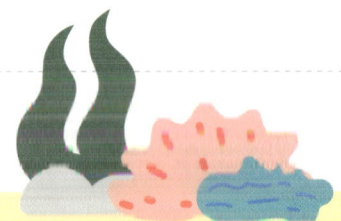

*여행 일이나 유람을 목적으로 다른 고장이나 외국에 가는 일.
*오색찬란하다 여러 가지 빛깔이 한데 어울려 아름답게 빛나다.

16일차

문어가 사는 곳은 어둡고 차가운 바닷속이에요. 하지만 꿈속에서만큼은 문어가 바라는 걸 무엇이든 이룰 수 있다는 내용의 노래예요. 천천히 바른 자세로 노랫말을 따라 써 보세요.

깊은 바닷속은 너무 외로워

**춥고 어둡고 차갑고 때로는 무섭기도
해 애애애 애애 야 아아아 아아**

그래서 나는 매일 꿈을 꿔 이곳은 참 *우울해

**단풍놀이 구경 가면 나는 노란색 문어
커피 한 잔 마셔주면 나는 진갈색 문어
주근깨의 꼬마와 놀면 나는 *점박이 문어**

**밤하늘을 날아가면 나는
오색찬란한 문어가 되는 거
야 아아아 아아 야 아아아 아아**

***우울하다** 근심스럽거나 답답하여 활기가 없다.
***점박이** 얼굴이나 몸에 큰 점이 있는 사람이나 짐승.

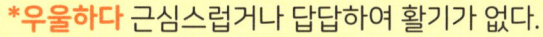

짧은 문장 쓰기 글자 모양을 생각하며 짧은 문장을 써 보세요.

꿈을 꾸는 문어

오색찬란한 문어

밤하늘을 날아가면

나는 매일 꿈을 꿔

바닷속은 너무 외로워

가로줄 공책 연습 공책 밑줄에 맞춰 모양이 반듯하게 글씨를 써 보세요.

꿈속에서는 무엇이든지 될 수 있어

잠에 드는 순간 여행이 시작되는 거야

장미 꽃밭 숨어들면 나는 빨간색 문어

횡단보도 건너가면 나는 줄무늬 문어

커피 한 잔 마셔주면 나는 진갈색 문어

주근깨의 꼬마와 놀면 나는 점박이 문어

개성 있는 글씨 쓰기 연필, 색연필, 사인펜 등을 사용해서 개성 있는 손글씨를 연습해요.

높은 산에
올라가면
나는 초록색 문어

단풍놀이 구경 가면
나는 노란색 문어

춥고 어둡고
차갑고
때로는 무섭기도 해

나는 매일 꿈을 꿔
이곳은 참 우울해

생활 속 글씨 연습 : 설문 조사 만들기 재미있는 질문을 떠올린 후 설문 조사를 만들어 보세요.

예향초등학교 3학년 설문 조사
Q. 요즘 가장 좋아하는 취미는 무엇인가요?

포토 카드 꾸미기	슬라임 만들기
가요 안무 따라하기	스티커 모으기

* 스티커를 붙여 주세요.

초등학교　　학년 설문 조사
Q. _____

* 스티커를 붙여 주세요.

팥빙수

노래 윤종신 | 작사 윤종신 | 작곡 이규호

팥 넣고 푹 끓인다 설탕은 은근한 불
서서히 *졸인다 졸인다

빙수용 위생 얼음 냉동실 안에 *꽁꽁
단단히 얼린다 얼린다

프루츠 칵테일의 국물은 따라 내고
과일만 건진다 건진다

체리는 꼭지 체리 체리는 꼭지 체리
깨끗이 씻는다 씻는다

빙수기 얼음 넣고 밑에는 예쁜 그릇
얼음이 갈린다 갈린다

*졸이다 물을 증발시켜 부피를 적게 하는 것.   *꽁꽁 물체가 매우 단단히 언 모양.

마치 팥빙수를 직접 만들어 보는 듯한 생생하고 재미있는 가사가 돋보이는 노래예요.
천천히 바른 자세로 노랫말을 따라 써 보세요.

**얼음에 팥 얹히고 프루츠 칵테일에
체리로 장식해 장식해**

주의사항 팥 조릴 때 설탕은 *충분히
찰떡 젤리 크림 *연유 빠지면 섭섭해

**빙수기 얼음 넣고 밑에는 예쁜 그릇
얼음이 갈린다 갈린다**

얼음에 팥 얹히고 프루츠 칵테일에
체리로 장식해 장식해

**빙수야 팥빙수야 사랑해 사랑해
빙수야 팥빙수야 녹지마 녹지마**

※ 이 곡은 가사의 일부만 담았습니다.

*충분하다 모자람이 없이 넉넉하다.   *연유 우유를 진공 상태에서 농축한 것.

짧은 문장 쓰기 글자 모양을 생각하며 짧은 문장을 써 보세요.

팥 넣고 푹 끓인다

서서히 졸인다 졸인다

얼음이 갈린다 갈린다

칵테일 체리로 장식해

팥빙수야 녹지마

가로줄 공책 연습 공책 밑줄에 맞춰 모양이 반듯하게 글씨를 써 보세요.

빙수용 위생 얼음 냉동실 안에 꽁꽁

프루츠 칵테일의 국물은 따라 내고

빙수기 얼음 넣고 밑에는 예쁜 그릇

주의사항 팥 조릴 때 설탕은 충분히

찰떡 젤리 크림 연유 빠지면 섭섭해

팥빙수야 사랑해 사랑해

개성 있는 글씨 쓰기 연필, 색연필, 사인펜 등을 사용해서 개성 있는 손글씨를 연습해요.

프루츠 칵테일의
국물은 따라 내고
과일만 건진다

체리는 꼭지 체리
깨끗이 씻는다 씻는다

나나나 나나나
빙수야 팥빙수야
사랑해 사랑해

빙수야 팥빙수야
녹지마 녹지마

생활 속 글씨 연습 : 레시피 완성하기   무더위를 식혀 줄 나만의 디저트 레시피를 완성해 보세요.

망고 화채 레시피

재료 : 냉동 망고(또는 망고 1개), 사고펄 100g, 코코넛밀크, 우유

① 사고펄을 10분 끓인 뒤, 15분 그대로 둬요. 그런 후 찬물에 헹궈요.
② 냉동 망고를 준비해요.
③ 우유에 코코넛 밀크를 넣어 섞은 뒤, ①과 ②를 넣으면 화채 완성!

_____ 레시피

재료 :

①

②

③

마법의 성

노래 더클래식 | 작사 김광진 | 작곡 김광진

믿을 수 있나요 나의 꿈속에서
너는 마법에 빠진 공주란 걸

언제나 너를 향한 몸짓에
수많은 어려움뿐이지만

그러나 언제나 굳은 *다짐뿐이죠
다시 너를 구하고 말 거라고

두 손을 모아 기도했죠
끝없는 용기와 지혜 달라고

마법의 성을 지나 *늪을 건너
어둠의 동굴 속 멀리 그대가 보여

*다짐 이미 할 일이나 앞으로 할 일에 틀림이 없음을 단단히 강조해 거나 약속함.
*늪 땅바닥이 우묵하게 뭉떵 빠지고 늘 물이 괴어 있는 곳.

아름다운 멜로디와 희망을 담은 가사로 많은 사랑을 받은 노래예요. 중학교 음악 교과서에도 소개되었답니다. 천천히 바른 자세로 노랫말을 따라 써 보세요.

이제 나의 손을 잡아 보아요
우리의 몸이 떠오르는 것을 느끼죠

자유롭게 저 하늘을 날아가도 놀라지 말아요
우리 앞에 펼쳐진 세상이 너무나 *소중해 함께라면

마법의 성을 지나 늪을 건너
어둠의 *동굴 속 멀리 그대가 보여

이제 나의 손을 잡아 보아요
우리의 몸이 떠오르는 것을 느끼죠

자유롭게 저 하늘을 날아가도 놀라지 말아요
우리 앞에 펼쳐진 세상이 너무나 소중해 함께 있다면

*소중하다 매우 귀중하다.　*동굴 자연적으로 생긴 깊고 넓은 큰 굴.

짧은 문장 쓰기 글자 모양을 생각하며 짧은 문장을 써 보세요.

믿을 수 있나요

마법에 빠진 공주

너를 향한 몸짓

수많은 어려움

끝없는 용기와 지혜

가로줄 공책 연습 공책 밑줄에 맞춰 모양이 반듯하게 글씨를 써 보세요.

두 손을 모아 기도했죠

마법의 성을 지나 늪을 건너

어둠의 동굴 속 멀리 그대가 보여

이제 나의 손을 잡아 보아요

우리의 몸이 떠오르는 것을 느끼죠

저 하늘을 날아가도 놀라지 말아요

개성 있는 글씨 쓰기 연필, 색연필, 사인펜 등을 사용해서 개성 있는 손글씨를 연습해요.

어려움뿐이지만
그러나 언제나
굳은 다짐뿐이죠

우리 앞에 펼쳐진
세상이 너무나 소중해
함께라면

이제 나의 손을
잡아 보아요

어둠의 동굴 속
멀리 그대가 보여

생활 속 글씨 연습 : 배움 공책 쓰기 학교에서 배운 내용을 반듯한 글씨로 써서 정리해 보세요.

 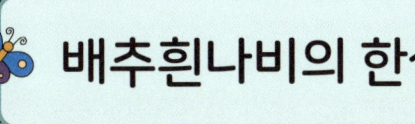 

배추흰나비의 한살이

동물의 한살이란?

동물이 태어나 자라서 자손을 남기는 과정이다.

배추흰나비의 한살이 정리하기

배추흰나비는 알 → 애벌레 → 번데기 → 성충의 과정을 거치며 자란다.

네모의 꿈

노래 화이트 | 작사 유영석 | 작곡 유영석

네모난 침대에서 일어나 눈을 떠보면
네모난 창문으로 보이는 똑같은 *풍경

네모난 문을 열고 네모난 테이블에 앉아
네모난 *조간신문 본 뒤

네모난 책가방에 네모난 책들을 넣고
네모난 버스를 타고 네모난 건물 지나

네모난 학교에 들어서면 또 네모난 교실
네모난 칠판과 책상들

네모난 오디오 네모난 컴퓨터 TV
네모난 달력에 그려진 똑같은 하루를

*풍경 산이나 들, 강, 바다 등의 자연이나 지역의 모습.
*조간신문 날마다 아침에 발행하는 신문.

세상엔 온통 네모난 것뿐이지만, 더 다양한 모습을 꿈꾸는 화자의 순수한 마음이 담긴 노래예요. 천천히 바른 자세로 노랫말을 따라 써 보세요.

**의식도 못한 채로 그냥 숨만 쉬고 있는 걸
주위를 둘러보면 모두 네모난 것들뿐인데**

우린 언제나 듣지 잘난 *어른의 멋진 이 말
'세상은 둥글게 살아야 해'

**지구본을 보면 우리 사는 지군 둥근데
부속품들은 왜 다 온통 네모난 건지 몰라**

어쩌면 그건 네모의 꿈일지 몰라

**네모난 아버지의 지갑엔 네모난 지폐
네모난 *팸플릿에 그려진 네모난 학원**

***어른** 다 자란 사람이나 다 자라서 자기 일에 책임을 질 수 있는 사람.
***팸플릿(Pamphlet)** 설명이나 광고, 선전 등을 위한 작은 책자.

짧은 문장 쓰기 글자 모양을 생각하며 짧은 문장을 써 보세요.

네모난 침대에서

네모난 테이블에 앉아

지갑엔 네모난 지폐

네모 같은 추억들

네모의 꿈일지 몰라

가로줄 공책 연습 공책 밑줄에 맞춰 모양이 반듯하게 글씨를 써 보세요.

네모난 버스를 타고 네모난 건물 지나

네모난 학교에 들어서면 또 네모난 교실

주위를 둘러보면 모두 네모난 것들뿐인데

세상은 둥글게 살아야 해

지구본을 보면 우리 사는 지구는 둥근데

부속품들은 왜 다 온통 네모난 건지 몰라

개성 있는 글씨 쓰기 연필, 색연필, 사인펜 등을 사용해서 개성 있는 손글씨를 연습해요.

우린 언제나 듣지
잘난 어른의
멋진 이 말

네모난 책가방에
네모난 책들을 넣고

네모난 서랍 속에
쌓여 있는
네모난 편지

어쩌면 그건
네모의 꿈일지 몰라

생활 속 글씨 연습 : 만화 대사 쓰기 만화 속 대사를 상상해서 말풍선을 채워 보세요.

여행을 떠나요

노래 조용필 | 작사 하지영 | 작곡 조용필

푸른 언덕에 배낭을 메고
황금빛 태양 축제를 여는

*광야를 향해서 계곡을 향해서
먼동이 트는 이른 아침에

도시의 소음 수많은 사람
빌딩 숲속을 벗어나 봐요

*메아리 소리가 들려오는
계곡 속의 흐르는 물 찾아
그곳으로 여행을 떠나요

*광야 텅 비고 아득히 넓은 들
*메아리 울려 퍼져 가던 소리가 산이나 절벽 같은 데에 부딪쳐 되울려오는 소리.

대표적인 국민가요 중 하나예요. 이른 아침 계곡으로 떠나는 여행자의 설렘을 느낄 수 있어요. 천천히 바른 자세로 노랫말을 따라 써 보세요.

메아리 소리가 들려오는
*계곡 속의 흐르는 물 찾아
그곳으로 여행을 떠나요

*굽이 또 굽이 깊은 산중에
시원한 바람 나를 반기네
하늘을 보며 노래 부르세

메아리 소리가 들려오는 계곡 속의
흐르는 물 찾아 그곳으로 여행을 떠나요

여행을 떠나요 즐거운 마음으로
모두 함께 떠나요

*계곡 물이 흐르는 골짜기.
*굽이굽이 여러 굽이로 구부러지는 모양.

짧은 문장 쓰기 글자 모양을 생각하며 짧은 문장을 써 보세요.

계곡을 향해서

광야를 향해서

빌딩 숲속을 벗어나

즐거운 마음으로

모두 함께 떠나요

가로줄 공책 연습 공책 밑줄에 맞춰 모양이 반듯하게 글씨를 써 보세요.

푸른 언덕에 배낭을 메고

굽이 또 굽이 깊은 산중에

시원한 바람 나를 반기네

하늘을 보며 노래 부르세

메아리 소리가 들려오는

흐르는 물 찾아 그곳으로 여행을 떠나요

개성 있는 글씨 쓰기 연필, 색연필, 사인펜 등을 사용해서 개성 있는 손글씨를 연습해요.

푸른 언덕에 배낭을 메고
황금빛 태양 축제를 여는

이른 아침에
도시의 소음
수많은 사람

굽이 또 굽이 깊은 산중에
시원한 바람 나를 반기네
하늘을 보며 노래 부르세

계곡 속의 흐르는 물 찾아
그곳으로 여행을 떠나요

생활 속 글씨 연습 : 알림장 쓰기 오늘의 알림장 내용을 써 보세요.

날짜	2024년 10월 14일 월요일	선생님 확인	부모님 확인

1. 내일은 운동회가 열리는 날입니다. 체육복을 입고 운동화를 신고 오세요.

2. 준비물 : 물, 간단한 간식, 손수건

3. 8시 50분까지 늦지 않게 등교합니다.

날짜	년 월 일 요일	선생님 확인	부모님 확인

1.

2.

3.

K-POP 노랫말로 완성하는 바른 글씨 쓰기

1판 1쇄 발행 2024년 6월 20일
1판 2쇄 발행 2025년 2월 20일

펴낸이 이윤석
출판사업본부장 신지원
출판기획팀장 오성임 **책임편집** 하명희
기획·편집 김민경 **그림** 최은지 **디자인** 커맨드에스
마케팅 김민지, 김참별
펴낸곳 아이스크림북스
출판등록 2013년 8월 26일 제2013-000241호
사용연령 8세 이상 **제조연월** 2025년 2월 **제조국** 대한민국

주소 (06771) 서울시 서초구 매헌로 16 하이브랜드빌딩 18층
전화 02-3440-4604
이메일 books@i-screamedu.co.kr
인스타그램 @iscreambooks

※ 아이스크림북스는 (주)아이스크림에듀의 출판 브랜드입니다.
※ 이 책을 무단 복사·복제·전재하면 저작권법에 저촉됩니다.
※ 잘못 만들어진 책은 구입하신 곳에서 교환해 드립니다.
※ KOMCA 승인필.

ISBN 979-11-6108-745-0 (63670)